신격호의
도전과 꿈

롯데월드와 타워

나남
nanam

신격호의
도전과 꿈

롯데월드와 타워

2020년 6월 15일 발행
2020년 7월 1일 2쇄

지은이   오쿠노 쇼
옮긴이   오현정
제작협력   롯데지주(주)
발행자   趙相浩
발행처   (주)나남

주소   10881 경기도 파주시 회동길 193
전화   031-955-4601(代)
팩스   031-955-4555
등록   제1-71호(1979.5.12)
홈페이지   www.nanam.net
전자우편   post@nanam.net

ISBN   978-89-300-4048-8

신격호의
도전과 꿈

롯데월드와 타워

오쿠노 쇼 지음

나남
nanam

1997년 3월, 롯데그룹 신격호 회장이 러시아의 주요 인사를 초청해 가진
모스크바 프로젝트 설명회(왼쪽에서 설명하는 사람이 필자)

롯데그룹 창업자 신격호 회장

신격호 회장은 다방면에 걸쳐 탁월한 업적을 남기신 분입니다. 사업과 별개로도 사적인 일화나 가까이에서 일하며 느꼈던 매력적인 인품 등 신격호 회장에 대해 소개하고 싶은 이야기는 산더미처럼 많습니다. 하지만 이 책에서는 그가 이룬 사업성과 중에서도 백화점, 마트 등의 소매업, 호텔업, 오피스, 아파트 등 롯데그룹 성장의 추진력이 되었던 복합개발사업에 포커스를 맞추려고 노력했습니다.

척박한 조건에도 아랑곳하지 않고 끊임없이 도전을 거듭해 세계에 유례가 없는 스케일의 '롯데월드'를 탄생시키며 확립한 대규모 복합개발 방식과 기법이야말로 신격호 회장의 대표적인 위업이라고 할 수 있습니다. 이는 이후 롯데를 글로벌 기업으로 성장시킨 중요한 요소 중 하나로, 바로 여기에 신격호 회장의 진면목이 가장 잘 드러나 있다고 생각합니다.

저를 비롯해 제가 대표를 맡고 있는 건축설계사무소 (주)오쿠노 쇼 건축연구소 직원들은 신격호 회장이 이끈 롯데의 장대한 개발 스토리를 여명의 순간부터 함께할 수 있었습니다. 그런 의미에서 제가 독자들에게 전해야 할 것은 사업에 대한 신격호 회장의 남다른 열정과 능력, 끝까지 포기하지 않는 강인한 정신력이라고 생각했습니다. 이를 가까이에서 지켜볼 수 있었던 것도 크나큰 행운으로, 이 책은 그에 대한 작은 보답이라고 할 수 있습니다.

따라서 이 책에서는 전해 들은 이야기나 추측은 최대한 배제하고, 우리가 확실하게 관여하고 지켜보았던 개발사업을 다루는 데만 집중했습니다. 창업자의 장대한 업적 중 극히 일부분에 지나지 않겠지만 그의 친근한 인간성과 수많은 역경을 극복해 온 '도전' 스토리를 담아내기에는 부족하지 않다고 생각합니다.

롯데와 함께한 프로젝트들은 그 규모가 워낙 큰 데다 하나의 프로젝트를 계획하고 완성하는 데까지 10년에서 길게는 30년이 넘게 걸리기도 했습니다. 오랜 시간에 걸쳐 다방면의 전문가가 함께하는 가운데 우리가 주로 맡은 역할은 프로젝트 초반의 기획 및 기본구상을 제안하는 업무였습니다.

개발 부지가 확보되면 신격호 회장으로부터 "무엇을 만들면 좋을지 구상해 보라"는, 딱히 의뢰나 지시라고 하기에는 애매한 연락이 왔습니다.

무엇을 어느 정도 규모로 만들 것인가?

어떤 콘셉트로 지을 것인가?

배치나 평면계획은 어떻게 할 것인가?

디자인 이미지를 어떻게 할 것인가?

이 모든 것이 백지 상태나 다름없었습니다. 신격호 회장의 머릿속에는 이미 구체적인 구상이나 이미지가 그려져 있었는지도 모릅니다. 하지만 자유로운 발상이나 사고를 방해하지 않으려는 배려에서였는지 우리에게 전달된 것은 항상 앞에서 언급한 바와 같이 냉정하리만치 단순한 연락이었습니다. 그래서 항상 우리는 가지고 있는 지혜를 모두 짜내서 기획을 세운 후 신격호 회장에게 직접 프레젠테이션을 했습니다.

정곡을 찌른 제안이라는 확신이 드는데도 그대로 받아들여진 적은 단 한 번도 없었습니다. 그것을 토대로 한층 더 업그레이드된 아이디어를 요구했기 때문에 제안을 되풀이해야 했습니다. 신격호 회장은 납득이 될 때까지 시간이 얼마가 걸리든 회의를 계속해서 진행했습니다. 그 배경에는 '사업은 시작 단계가 가장 중요하다'는 흔들림 없는 신념이 있었습니다. 매번 긴장의 연속으로 힘들기도 했지만 획기적인 도전에 대한 '기대감'이 그보다 더했기에 보람을 느끼며 많은 것을 배울 수 있었습니다.

신격호 회장과 함께했던 50년의 기억을 회고하기 위해 회사에 보관하고 있던 방대한 자료를 하나하나 모두 살펴보았습니다. 그동안 우리가 참여한 롯데의 프로젝트는 70건 이상에 달하며 제안한 계획안도 150개가 넘습니다. 이 중에는 실현된 안도 있고 실현되지 못한 계획안도 다수에 이릅니다. 이 책에는 이처럼 끝내 빛을 보지 못한 프로젝트의 아이디어, 플랜 등도 소개되어 있습니다. 이 책을 통해 미실현 사업 계획을 포함해 신격호 회장이 추구했던 로망의 발자취를 조금이나마 이해할 수 있었으면 하는 바람입니다.

1년 가까이 이 책을 집필하는 동안, 수차례 롯데 커뮤니케이션실과 집필한 원고에 대해 협의하면서 기억의 오류 등은 없는지 내용을 검토했습니다. 특히 황각규 부회장께서는 바쁘신 업무 중에도 처음부터 끝까지 원고를 살펴봐 주시고 귀중한 조언을 아끼지 않으셨습니다. 또한 필요한 자료와 사진 등을 제공받는 등 롯데지주 오성엽 사장을 비롯한 관계자 분들께 많은 신세를 졌습니다. 도움을 주신 이분들께 다시 한 번 깊이 머리 숙여 감사드립니다.

2020년 6월

㈜오쿠노 쇼 건축연구소
회장 오쿠노 쇼

꿈을 공간으로 현실화한 용기와 도전

적수공권(赤手空拳)으로 시작해 창업 50년 만에 30여 국가에서 20만 명의 임직원이 일하는 '롯데'를 이룬 신격호 회장님. 저는 아버님이신 회장님을 생각할 때마다 '용기'와 '도전'이라는 단어를 떠올립니다.

1970년대 서울 한복판에 세워진 소공동 롯데타운, 세계 최대 실내 테마파크인 잠실 롯데월드, 그리고 인생의 마지막 용기로 이루어 낸 123층 초고층빌딩 롯데월드타워는 신격호 회장님의 용기와 도전을 상징하는 프로젝트들입니다.

회장님은 대한민국 경제가 막 움트기 시작하던 때부터 이처럼 새로운 공간을 조성하는 프로젝트를 추진해 왔습니다. 어떠한 꿈과 비전을 가지고 이러한 프로젝트를 추진하였는지, 그가 그려 낸 미래상은 무엇이었는지 궁금해 하시는 분들이 많으셨을 것으로 생각됩니다.

저는 이 중대한 프로젝트들이 결정되고 진행되는 과정에 대해 회장님으로부터 많은 이야기를 들었고, 또 일부분은 함께하기도 했지만, 젊은 시절부터 품어 왔던 꿈을 정확히 알기란 어려웠습니다.

그런데, 1972년부터 회장님의 사업 파트너이자 동지로서 그분의 꿈과 용기를 현실로 실현하는 데 함께해 온 오쿠노 쇼 회장님의 수고로 아버님의 정신과 목소리를 소중한 기록으로 남기게 됐습니다.

조국의 젊은이들과 어린이들에게 꿈을 꾸는 '공간'을 만들어 주려고 혼신의 열정을 바쳤고, 국민들에게 일자리를 제공하는 데 힘을 보탠 것을 제외하면 자랑할 것 없다며 겸손하기만 했던 신격호 회장님의 경영철학을 되새기면 감회가 새롭습니다.

어려운 환경 속에서도 회장님의 용기와 도전은 한 번도 쉰 적이 없었고, 마침내 '롯데월드타워'라는 대한민국 랜드마크를 세우는 결실을 맺었습니다.

찬찬히 살펴보면 회장님께서 남긴 '공간'은 가족이 함께 하루를 보낼 수 있는 곳이어야만 한다는 철학이 전제입니다. 선대 회장님은 당시로서는 누구도 상상하지 못한 '복합개발'의 개념을 실제 공간으로 구현해 냈습니다. 복합을 통해 세대를 초월하는 소통과 사랑이 담긴 공간을 이뤄 냈고, 이는 행복을 만드는 에너지가 되었습니다.

앞서 이야기한 세 개의 핵심 프로젝트를 비롯해 글로벌 무대를 목표로 추진했던 다양한 공간의 개념과 설계 도면도 이 책에 담겨 있습니다. 오쿠노 쇼 회장과 그 동행자들의 노고가 아니었다면 세상 밖으로 나오지 못했을 소중한 이야기들입니다. 이분들은 회장님에 대한 존경심으로 이 어려운 작업을 이뤄 냈습니다.

예술 감각을 매개로 공간을 그려 낸 '신격호 정신'을 그대로 재현하는 데 애쓰신 모든 분들에게 감사드립니다. 아울러 이 책을 접하시는 모든 분들에게 저의 아버지, 신격호 회장님의 용기와 도전이 전해지기를 기대합니다.

롯데그룹 회장
신동빈

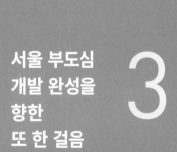

3

서울 부도심 개발 완성을 향한 또 한 걸음

잠실(동쪽지구)
롯데슈퍼타워
2009

잠실(동쪽지구)
롯데슈퍼타워
2008

부산(부산항)
부산항 지구 재개발
2009

남원 롯데 팜 파크 비어 빌리지 검토안
2011

잠실(동쪽지구)
롯데 라이브 타운
2008

잠실(동쪽지구)
롯데 라이브 타운
2009

남원 롯데 팜 파크 농업센터 검토안
2011

잠실(동쪽지구) 롯데월드몰
2014 오픈

잠실(동쪽지구) 롯데월드타워
2017 오픈

2008	2009	2010	2011	2012	2013	2014	2015	2016	2017	2018	2019	2020

중국(선양) 롯데월드
2008

모스크바(아르바트) 롯데월드
2010 오픈

모스크바(NAGATINO) 롯데월드
2012

베트남(호치민) 롯데월드 투티엠
2013

중국(선양) 롯데월드
2011

ㅈ)

잠실(동쪽지구)
롯데슈퍼타워
2000

제주도 롯데호텔
2000 오픈

울산 롯데월드
1999

제주도 롯데 리조트
2003

제주도 롯데 골프 클럽하우스
2003

잠실(동쪽지구)
롯데슈퍼타워
2002~2003

잠실(동쪽지구)
롯데슈퍼타워
2004

잠실(동쪽지구)
롯데슈퍼타워
2005

제주도 롯데 리조트
2005

제주도 롯데 골프 클럽하우스
2005 오픈

잠실(동쪽지구)
롯데슈퍼타워
2006

부산 롯데 부산항 검토안
2006

부산(김해)
롯데 리조트
2007

부여 롯데 리조트
2007

제주도 롯데 리조...
2007

| 1999 | 2000 | 2001 | 2002 | 2003 | 2004 | 2005 | 2006 | 2007 |

중국(베이징) 롯데월드
2000

모스크바(아르바트) 롯데월드
2002

도쿄 방재도시 재개발 검토안
2005

중국 상하이(Xujiahui)
롯데월드
2005

모스크바(MNEVNIKI)
모스크바강
모래톱 개발 검토안
2005

모스크바(MNEVNIKI)
모스크바강
모래톱 개발
2006

중국(선양) 롯데월...
2007

베트남(호치민)
롯데월드 투티엠
2007

모스크바(MINEVN...
모스크바강
모래톱 개발
2007

소공동 롯데호텔
신관/백화점 대확장
1988 오픈

잠실 롯데월드(동쪽지구)
1990

부산(서면) 롯데월드
1988

속초 롯데 리조트
1990

잠실 롯데월드(서쪽지구)
1989 오픈

잠실 롯데월드(동쪽지구)
1989

잠실 롯데월드(동쪽지구)
1995

잠실 롯데월드(동쪽지구)
1994

부산(서면) 롯데월드 스카이 플라자
1994

부산(광복) 롯데월드
1996

부산(김해) 롯데월드
1997

부산(서면) 롯데월드
1997 오픈

잠실 롯데월드(동쪽지구)
1997

청량리 롯데월드
1998

잠실 롯데월드(동쪽지구)
1998

잠실 롯데월드(동쪽지구)
1998

| 1988 | 1989 | 1990 | 1991 | 1992 | 1993 | 1994 | 1995 | 1996 | 1997 | 1998 |

도쿄 롯데월드 검토안
1992

자카르타 A안
1995

모스크바(아르바트) 롯데월드
1997

베트남(호치민) 롯데 투티엠
1997

자카르타 B안
1996

계획안의 변천 국내

소공동 롯데호텔
신관/백화점 대확장 계획
1983

잠실(동쪽지구)
롯데 부도심 개발 계획
1983

잠실 롯데월드(서쪽지구)
1985

소공동 롯데 비원(PIWON) 프로젝트
1973

소공동 롯데호텔 본관
1979 오픈

소공동 오벨리스크
1983 오픈

부산(서면) 부도심 개발
1985

부산(서면) 롯데월드
1987

1973	1974	1975	1976	1977	1978	1979	1980	1981	1982	1983	1984	1985	1986	1987

계획안의 변천 해외

도쿄 해상부도심개발 검토안
1987

롯데월드의 꿈, 전국으로 펼치다 4

롯데월드타워 118층 스카이데크에서 바라본 서울

소공동 복합개발 도전

1

크나큰 비약을 꿈꾸며

한국 정부로부터 날아든 국내사업 진출 제안

신격호 롯데그룹 초대 회장은 1941년 한국에서 일본으로 건너가 7년 후인 1948년 롯데(LOTTE)를 설립했다. 당시 일본은 태평양전쟁에서 패전, 연합국의 점령하에 있었다. 사업 아이템을 찾고 있던 신 회장의 눈에 일본에 주둔 중이던 미군 병사들이 씹고 다니던 추잉 껌(chewing gum)이 들어왔다. 신 회장은 추잉 껌을 제조, 판매하면서 사세(社勢)를 키워 나갔다. 한국과 일본에서 기업 역사의 새로운 장을 열어 가기 시작한 것이다. 이후 롯데는 약진을 거듭해 1970년대 초 일본 굴지의 종합제과업체로 우뚝 섰다.

이 무렵 신 회장의 모국인 한국은 한국전쟁의 잿더미 속에서 나라를 다시 일으켜 세우기 위한 국가 재건에 안간힘을 쏟고 있었다. 당시 한국의 1인당 GDP(국내총생산)는 약 300달러에 불과했다. 고도 성장기에 있었던 일본의 9분의 1 수준이었다. 도시 인프라도 충분히 정비되지 않아 열악한 형편이었다. 일본에서 롯데 경영을 어느 정도 궤도에 올려놓은 신격호 회

도쿄 사무실에서 롯데를 키워 나가던
젊은 시절의 신격호 회장

1970년대 초 서울
고층건물도 거의 없고
주변 산들은 아직까지는
민둥산이었다.

장은 한국의 이런 참담한 현실이 가슴 아팠고, 고국의 발전에 기여할 수 있는 길이 없는지 고민하고 있었다. 이럴 즈음 한국 정부로부터 사업 진출에 대한 제안을 받았다.

고국의 미래에 투자하다

롯데는 일본 제과업계에서 어느 정도 탄탄하게 입지를 다졌다. 그러나 일본 산업계 전체에서 제과업이 차지하는 위상은 그다지 높지 않았다. 그래서 한국에서 시작하는 사업만큼은 좀더 사회나 경제 전반에 기여할 수 있는 분야였으면 좋겠다는 강한 희망을 신격호 회장은 갖고 있었다.

이런 구상을 하고 있을 즈음 한국 정부로부터 제철사업 진출을 제안받았다. 신 회장은 이를 적극적으로 검토하며 준비하기 시작했다. 한국 정부 관계자들과 자주 접촉하는 것은 물론 일본 후지제철과 손잡고 사업계획서도 짜놓았다. 그러나 한창 준비 작업에 박차를 가하고 있을 때 황당한 소식이 날아들었다. 박정희 대통령이 기간산업인 제철업은 국내 기업에게 맡긴다고 했다는 것이다. 신 회장은 그 소식을 전해 듣고 적지 않은 충격을 받았다고 훗날 고백

했다. 일본에서 번 돈으로 조국 경제발전에 기여하고 싶었고, 첫 작품으로 근대화의 상징인 제철소 하나를 보란 듯이 세워 보고 싶었던 꿈이 벽에 부딪힌 것이다.

그 후 신 회장은 박 대통령으로부터 경제발전을 위해 국제 수준급 호텔 시설이 필요하다는 요청을 받았다. 당시 한국 산업계에서 호텔업이나 백화점 산업은 대졸 직원을 채용하기 힘들 정도로 위상이 낮았고, 시장 규모 또한 미미했다. 하지만 일본은 사정이 달랐다. 1971년에는 도쿄 신주쿠에 지상 47층의 초고층 호텔 '게이오플라자호텔'이 문을 열었다. 이곳은 최상층에 전망대를 설치하는 등 단순한 숙박시설이 아닌 호텔사업을 전개하기 시작했다. 같은 시기 백화점업계도 거액의 새로운 투자가 몰려들면서 단순히 상품 판매에만 그치지 않는 새 사업 아이템으로 주목받기 시작했다.

롯데를 설립한 후 시대의 큰 흐름을 정확히 읽고, 사업 확장 성공의 노하우를 많이 축적해 온 신 회장은 서비스업 또한 미래가 밝다는 것을 예감하고 있었다.

"하이 퀄리티(high quality)의 참신한 서비스를 요구하는 시대가 모국에도 반드시 도래할 것이다."

이렇게 확신한 신 회장은 한국에서 호텔업에 진출하기로 결심하고 구체적인 준비에 들어갔다.

시대 변화의 한복판에 서다

미래를 향한 에너지가 가득한 서울

1972년 나는 롯데의 사이타마현 우라와 공장에 사무동을 건설하는 계획에 참여했다. 설계사무소를 설립하고 2년 정도 지났을 무렵이었다. 롯데와 나, 양쪽 모두를 알고 있던 지인을 통해 내 작품집을 본 롯데 우라와 공장의 과장이 직원기숙사 등의 설계를 의뢰해 왔는데, 이것을 인연으로 사무동 건설에도 참여하게 된 것이다. 직원기숙사 설계를 의뢰했던 그 과장은 이후 서울의 호텔 건설 책임자가 됐다. 그리고 이것이 신격호 회장과 나의 만남으로 이어졌다.

1972년 세밑에 갑자기 롯데 사장단 회의에 참석 요청을 받았다. 예고 없는 호출에 나는 도쿄 신주쿠의 롯데 본사로 부랴부랴 달려갔다. 당시 롯데 본사는 추잉 껌 공장과 나란히 붙어 있었다. 그 자리에서 서울서 추진 중인 호텔 계획에 참여해 달라는 제의를 받았다. 그로부터 일주일 뒤, 호텔 건립을 위한 현지조사와 기획회의에 참석하면서 롯데와 떼려야 뗄 수 없는 인연이 맺어졌다.

1973년 1월 2일, 도쿄 하네다공항을 출발해 김포로 가는 비행기에 몸을 실었다. 약 2시간 30분의 비행 끝에 난생 처음 한국 땅을 밟았다. 공항에서 곧바로 시내로 들어가는 택시를 탄 나는 깜짝 놀랐다. 아뿔싸! 택시 바닥 한 귀퉁이가 뚫려 있었다. 타이어에 부딪혀 튄 자갈이 차 안으로 들어오지는 않을까 조마조마하면서 서울 시내로 향했던 기억이 지금도 생생하게 남아 있다.

택시 차창 밖으로 아직 발전 초기단계에 있는 거리 풍경이 시야에 들어왔다. 산들은 하나같이 나무라고는 찾아볼 수 없는 민둥산이었다. 한국전쟁의 후유증으로 땔감용으로 모두 잘려 나갔기 때문이었다. 정월 초 혹한의 칼바람마저 몰아쳐 서울의 첫인상은 황량하기 그지 없었다. 하지만 사람들의 모습은 달랐다. 꽁꽁 얼어붙은 한강에서 즐겁게 썰매 타는 사람들이 많이 눈에 띄었고, 거리 곳곳에는 사람들의 활기가 넘쳐났다. 미래의 발전을 예고하는 에너지가 충만해 보였다.

1970년대 초 명동 거리
당시에도 이미 서울 시내에서 가장
사람들로 붐비는 번화가였지만
높은 건물은 그다지 많지 않았다.
신 회장이 주도한 것은 명동과
인접한 소공동에 지상 40층의 호텔을
짓는 개발사업. 당시에 이 구상이
얼마나 획기적이었는지 알 수 있다.

　　회의는 서울 시내 금싸라기 땅에 해당하는 소공동 지구에 있는 반도호텔에서 열렸다. 롯데가 착수하는 호텔 계획은 1938년에 한국 최초로 지어진 지상 8층짜리 반도호텔 자리에 수도 서울의 품격을 업그레이드하는 새로운 호텔을 건설하는 것이었다.

소공동 지구 개발의 시작

　　반도호텔에 도착하자 곧장 회의가 시작됐다. 일본에서는 가지마건설 설계팀의 무네나카 씨가 참석했다. 무네나카 씨는 도쿄 신주쿠의 게이오플라자호텔을 설계하는 등 초고층 호텔 관련 노하우를 풍부하게 지닌 노련하고 유능한 전문가였다.

　　회의가 시작된 직후 신격호 회장의 한마디에 참석자들은 모두 놀라 숨을 죽였다. 신 회장이 밝힌 구상은 호텔 한 동을 다시 짓는 것뿐만 아니라 호텔과 백화점, 나아가 오피스까지 건설하는 '소공동 지구의 복합개발'이었기 때문이었다. 호텔은 객실 1천 실에 40층 높이라는, 당시 한국의 경제상황을 감안할 때 현실성이 매우 떨어지는 엄청난 규모였다.

　　1970년대 초는 객실 300~400개만 있어도 일류호텔 소리를 듣던 시절인데 신 회장은 벌써 수십 년 앞을 내다보고 통 큰 투자를 결심한 것이다. 백화점은 바닥면적 3만m²의 아담한 사이즈지만 상층부에 오피스를 복합하는 계획으로 이미 외국계 기업 한국지점이 입주하기로 이야기가 진행되고 있다고 롯데 관계자들이 전했다.

신 회장은 대통령으로부터 호텔 개발에 관한 제안을 받은 직후부터 주변 땅을 매입, 소공동 지구를 광범위하게 개발하는 구상을 그리고 있었던 듯했다.

그날부터 무네나카 씨와 함께 매일 밤늦게까지 강행군을 하며 계획안을 짰다. 사흘 뒤 어느 정도 구상안이 정리됐고 나는 서둘러 귀국했다. 도쿄로 돌아온 나는 구상안을 신 회장이 대통령에게 설명할 수 있도록 자료로 정리해서 다시 서울로 보내야만 했다. 쉴 틈도 없이 바로 작업에 들어가 2주 만에 복합단지 개발계획을 무사히 마무리했다. 그러고 나니 도쿄의 설날 분위기는 이미 사그라지고 난 후였다.

곧바로 서울에서 답이 왔다. 개발계획을 본격적으로 실행에 옮기게 됐다는 것이었다. 개발사업의 규모를 생각하면 이례적으로 빠른 결정이었다.

사회정세나 시대가 급변하는 때에 그 거대한 소용돌이 속에 있는 자신을 객관화하는 것은 쉬운 일이 아니다. 서울 시내에서 가장 땅값이 비싼 소공동 지구에 한국에서 전례가 없는 거대 호텔을 짓는 프로젝트는 그 자체만으로 이미 엄청난 사업이다. 하지만 이 엄청난 사업이 세계 최초의 복합개발로 이어지는 장대한 스토리의 서막에 지나지 않는다는 것을 그 한복판에 있었던 나도 그때는 느끼지 못하고 있었다. 한 가지 확실한 것은 그 소용돌이의 중심에 신격호 회장이 있다는 것이었다. 아니, 시대를 변화시키는 소용돌이 자체를 신 회장이 장엄하게 일으키고 있었다.

롯데가 개발하기 전 소공동
반도호텔은 1938년 창업 이래 한국을 대표하는 고급 호텔이었다. 신격호 회장은 국가 소유였으나 노후화된 이곳을 매입하여 초고층 롯데호텔을 건설했다. 롯데호텔 1층에 있는 호텔 박물관에는 반도호텔에서 사용하던 물건들이 전시되어 있었으며, 지금은 서초구에 있는 국립중앙도서관도 예전에는 소공동에 있었다.

상식과 반대를 넘어선 선견, 그리고 승부욕

시대를 앞지른 대규모 복합개발 구상

당시 한국의 경제규모를 생각하면 소공동이 서울 도심의 알짜배기 땅이라고는 하나 객실 1천 실을 보유한 초고층 호텔을 짓는다는 것은 현실성이 떨어지는 구상이었다. 당연히 호텔 컨설턴트나 투자은행들은 터무니없는 규모에 고개를 흔들었다. 호텔의 규모만으로도 그런데 호텔, 백화점, 오피스까지 복합시킨다는 신 회장의 구상에 반대의견이 속출했다.

1970년대 초반, 서로 다른 업종을 복합시키는 개발 사례가 미국에는 있었다. 그러나 일본을 포함한 다른 나라에서는 매우 드문 사례였다. 일본의 대표적 복합개발 사례인 도쿄 이케부쿠로 '선샤인 시티'가 1978년에, '롯폰기 힐스'가 2003년에 개발됐다. 이를 놓고 봤을 때 신 회장의 구상이 얼마나 앞선 것인지 가늠할 수 있다.

롯데 사내는 물론 각 사업 담당자들로부터도 반대 의견이 쏟아졌다. 백화점을 방문하는 쇼핑객에게 숙박시설인 호텔은 필요 없으며, 호텔 입장에서는 사람들의 출입이 많은 백화점은 가급적 멀리 떨어졌으면 좋겠다는 것이 대부분 사람들의 생각이었다.

그런데도 신 회장은 큰 바위마냥 꿈쩍도 하지 않았다. 눈 하나 깜짝하지 않고 흔들림 없이 계획을 밀고 나갔다. 그로부터 많은 시간이 흐른 지금에야 호텔과 상업시설, 오피스를 복합시킨 개발이 일반화됐고 하나의 트렌드를 형성했다. 이것은 신 회장의 뛰어난 선견지명과 타이밍을 놓치지 않는 승부욕이 발휘된 결단이었음은 이후의 성공 드라마가 입증했다.

신 회장의 이 같은 스케일은 같은 시대 경쟁업체, 경쟁자들의 그것을 훨씬 넘어서는 것이었다. 호텔은 물론이고 백화점, 테마파크 등 이후 새로 진출한 업종마다 롯데는 압도적 스케일로 경쟁업계를 리드해 나갔다.

강력한 집객력, 복합개발의 가장 큰 매력

복합개발의 가장 큰 매력은 다양한 요소가 어우러지면서 더욱 강력해지는 집객력(集客力)에 있다. 예를 들어 고급 부티크(boutique)나 레스토랑이 즐비한 존(zone)을 구성하면 호텔과 백화점 양쪽 모두 부가가치가 올라가 양질의 고객을 끌어들일 수 있다. 또 고급 호텔이나 백화점이 가까이에 있는 오피스의 경우, 해외에서 온 귀빈을 상대로 이들 시설이 주는 후광효과를 충분히 누릴 수 있다. 뿐만 아니라 호텔이나 백화점 입장에서도 VIP와의 접점이 가능해진다. 소공동의 롯데호텔과 롯데백화점도 서로 연결돼 있어 양쪽에서 서로 편리하게 오갈 수 있다.

서로 다른 업태 간 복합은 최근에 더욱 다채로워졌다. 서점과 카페를 복합시켜 쾌적한 분위기 속에서 휴식을 즐길 수 있도록 하는 매장도 늘어나고 있다. 공공성이 높은 복합 사례로는 유치원이나 어린이집 같은 유아시설과 고령자시설을 나란히 짓는 것을 들 수 있다. 아이들은 노인들로부터 옛날 놀이문화를 배우고, 노인들은 자신들의 손자, 손녀보다 어린 아이들과 함께 어울리면서 활기 넘치는 시간을 보낼 수 있다. 세대 간 교류가 가능해진 것이다.

복합개발의 궁극적 방향성은 다양한 사람이 어울려 함께 시간을 보내는, 삶의 에너지가 느껴지는 거리 공간으로 변해 가는 것이다.

복합개발

서로 다른 업태라도 복합시킴으로써 공유 공간이 생기게 된다. 이 공간을 개방하면 특별한 볼일이 없는 사람도 이 오픈된 공간을 목적으로 모이게 되고, 각 업태의 주목도와 집객력 상승으로 이어진다.

국가를 발전시키는 기폭제가 되다

롯데그룹, 도약의 첫 발 힘차게 내딛다

1979년 3월 10일, 4년 9개월의 공사 끝에 롯데호텔이 드디어 웅장한 모습을 드러냈다. 이날 롯데는 많은 귀빈들을 모시고 그랜드 오픈 행사를 가졌다.

최신식 호텔인지라 오픈 행사에서는 이런저런 진풍경이 빚어졌다. 일부 시민들은 반짝반짝 윤이 나는 새하얀 대리석과 샹들리에를 보고서는 로비로 들어가는 입구에서부터 신발을 벗고 들어가기도 했다. 생전 처음 보는 스케일의 외관에다 눈부시게 아름다운 내부 공간에 압도돼 차마 흙이 묻은 신발을 신고 들어가면 안 될 것 같은 생각이 들었기 때문이었다. 오픈 행사 이후 수많은 시민과 고객들이 이 매머드급 호텔을 보기 위해 몰려들었다.

같은 해 12월 17일 오픈한 백화점에도 엄청난 인파가 몰려들었다. 비좁은 에스컬레이터의 각 계단마다 두세 명이 함께 어깨를 붙이고 타야 할 정도로 온종일 문전성시를 이뤘다. 급기야 개점 한 달 만에 에스컬레이터가 무게를 견디지 못하고 결국 고장이 나고 말았다. 에스컬레이터 업체조차 이제껏 경험해 본 적이 없을 정도로 예상을 뛰어넘는 인파가 몰려 대성황을 이뤘던 것이다.

롯데호텔 그랜드 오픈
1979년 3월 10일 개최된 롯데호텔 오픈 행사는 롯데그룹 약진의 서막을 알렸다.

소공동 지구 복합개발로 롯데그룹의 사업 추진에는 더욱 박차가 가해졌다. 이 프로젝트로 인해 현재까지 이어진 발전의 크나큰 원동력을 얻게 됐음은 물론이다. 때마침 한국 경제도 강력한 경제개발 추진으로 고도성장 궤도에 진입하면서 복합개발 사업은 국가발전을 더욱 촉진하는 기폭제가 됐다.

롯데백화점 그랜드 오픈
1979년 12월 17일에는 백화점이 오픈 행사를 가졌다. 백화점에는 매일같이 엄청난 인파가 몰려 정원을 초과하는 바람에 이를 감당하지 못한 에스컬레이터가 일찌감치 고장 나기도 했다.

완성된 롯데호텔의 모습
1970년대 말 당시의 서울거리에서 외관만으로도 그 위용을 자랑했다

다양한 고객이 즐길 수 있는 '롯데타운'

복합개발에서 롯데타운 계획으로

1979년 오픈한 롯데호텔과 롯데백화점의 성공에 힘입어 소공동 지구 복합개발은 스케일을 더욱 확대해 갔다. 개발 당시 거셌던 반대 의견도 소공동의 대성공 이후 더 이상 들리지 않게 되었다.

신격호 회장은 호텔에 인접한 땅을 매입해 호텔과 백화점의 규모를 키우는 데 힘을 아끼지 않았다. 호텔은 등급을 높인 400실의 신관을 새로 짓고, 백화점은 매장면적을 약 3배로 넓혔다. 백화점을 확대하면서 부지가 남대문로, 을지로의 교차 지점과 맞닿게 되고 지하철 2호선 을지로입구역으로 바로 연결되는 최고의 교통 요충지가 되었다. 이것이 소공동 개발 제2기에 해당한다.

제3기에는 이미 들어선 오피스 빌딩을 매입해 쇼핑센터 에비뉴엘(AVENUEL)로 개조하고 여기에 해외 고급 브랜드를 입점시켰다. 대미를 장식한 것은 남대문로와 맞닿은 남쪽에 영플라자를 오픈한 것이다. 이로써 서울 도심부 최고 요지인 소공동에 다양한 고객층이 모이는 '롯데타운'이 형성됐다.

롯데호텔의 남쪽, 지금의 '웨스틴조선호텔 서울'이 있는 부지에는 당시 '조선호텔'이 있었다. 이 호텔이 경매에 나왔을 때 신 회장은 복합개발을 확장할 부지로 큰 기대를 갖고 경매에 참여했다. 하지만 입찰금액에서 근소한 차로 낙찰받지 못했다. 소공동 복합계획에서 조선호텔 부지는 다양한 개발 가능성이 내재된 곳이었다. 이런 탓에 신 회장은 조선호텔을 낙찰받지 못한 것을 한동안 매우 아쉬워했다.

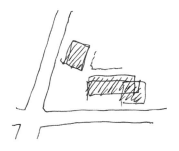

[1기]
1979년 남대문로와 을지로를 따라
호텔(오른쪽)과 백화점(왼쪽)이 오픈했다.

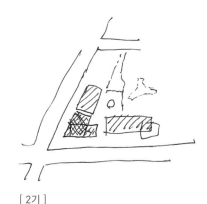

[2기]
1기의 성공에 힘입어 400실의 호텔 신관을
새로 건설하고 백화점을 확대했다.
매장 면적을 세 배 가까이 확장하면서
두 개의 도로가 교차하는 지점을 확보,
지하철 2호선 을지로입구역과 바로 연결되었다.
또 호텔과 백화점에 둘러싸인 공간에는
광장의 상징이 되는 오벨리스크를 세웠다.

[3기]
3기에는 백화점 남쪽에 있던 오피스 빌딩을
명품관 에비뉴엘로 개조하고 옆 건물에
영플라자를 개발해 소공동 롯데타운을
완성시켰다. 에비뉴엘과 영플라자는 지하
통로로도 연결되어 있어 소공동 지하상가를
통해 이동할 수 있다.

유구한 시간의 흐름을 느낄 '광장'을 만들다

시민을 위한 광장을 계획하다

신격호 회장은 복합개발을 이룬 소공동 지구를 단순히 서로 다른 업종이 모여 있기만 한 곳이 아니라, 특별한 공간으로 만들고 싶어 했다. 호텔과 백화점에 둘러싸인 공간을 광장으로 조성해 시민들과 관광객들이 자유롭게 오가는 명소로 만들자고 서울시에 제안했다.

이 발상도 당시로서는 상식을 뛰어넘는 것이었다. 개발 부지에 광장을 만들 정도로 공간에 여유가 있으면 건물 규모를 더 키워 영업 면적을 넓혀 달라고 하는 것이 일반적인 경영자들의 생각이었다.

하지만 신 회장의 생각은 달랐다. 그는 광장에는 사람을 끌어 모으는 기능이 있다는 것을 이때 이미 간파했다. 호텔 이용이나 쇼핑 등 뚜렷한 목적이 없는 사람도 개방된 광장이라면 부담 없이 걸음을 옮기게 된다. 사람이 하나둘 모이기 시작하면 그곳에 활기가 생기고, 그렇게 되면 더 많은 사람을 끌어들이게 된다. 신 회장은 이런 선견지명으로 사람들이 오가며 한데 어우러지는, 편안하게 시간을 보낼 수 있는 공간을 만들고 싶었다.

당시 신격호 회장과 나눴던 대화를 나는 지금도 기억한다.

"100년은 이용할 수 있는 공간으로 설계해 달라."

이러한 신 회장의 뜻을 받들어 나 또한 더 큰 밑그림을 그려 답변했다.

"그러시다면 1천 년은 이용할 수 있는 공간으로 만들겠습니다."

푸코의 진자가 움직이는 타워 건설

도시인들은 항상 눈앞의 일에 쫓겨 바쁘게 시간을 보낸다. 이런 도시인들에게 하루 중 단 한순간만이라도 유구한 시간의 흐름을 느끼며 우주의 시간과 공간을 체감할 수 있는 공간을 '롯데타운'이 제공하자는 것이 광장 조성의 개발 콘셉트였다. 이렇게 해서 1983년 지어진 것이 '오벨리스크 타워'다.

타워 내부에는 지구의 자전을 실감할 수 있는 푸코의 진자를 설치했다. 이 개발에는 각

지금은 사라진 오벨리스크 타워와 광장

시설의 규모를 축소하는 일이 있더라도 시민들에게 개방된 공간을 제공한다는, 복합개발을 통한 사회공헌 활동의 실천적 측면도 있었다.

신격호 회장은 도시설계나 건축을 전공한 전문가가 아니다. 그럼에도 불구하고 도시 중심부에 대규모 개발을 할 때는 이처럼 오픈된 공간을 조성해서 시민들에게 개방해야 한다는 사실을 알고 있었던 것이다. 신 회장의 이런 마인드는 소공동 개발을 추진하는 롯데의 입장에서도, 거리 조성이라는 차원에서도 매우 참신했다.

하지만 몇 년 후 소공동 지구에 대한 차량접근 문제와 부설주차장 의무대수 확보 등이 현안으로 대두됐다. 광장이 사라질 위기에 처한 것이다. 살릴 수 있는 방도를 찾아봤으나 묘책은 없었다. 결국 주차장 확보를 위해 오벨리스크 타워가 있던 광장은 사라졌다. 참으로 안타까운 일이 아닐 수 없었다.

개발도상국에서 호텔이 완수한 역할

글로벌 호텔체인 힐튼은 세계를 무대로 활약하는 비즈니스맨들에게 매우 중요한 역할을 해온 것으로 평가받는다. 특히 개발도상국에서도 최고 수준의 객실과 식사, 서비스, 피트니스, 회의실 등이 갖춰진 최고의 환경을 제공받을 수 있다는 점에서 힐튼은 유럽과 미국인들에게 많은 사랑을 받았다.

소공동 지구에 오픈한 롯데호텔은 해외 자본과 노하우에 의존하지 않고 자국의 힘으로 글로벌 수준의 서비스와 공간을 실현해 냈다는 점에서 더 큰 자부심을 느낄 수 있었다. 이것은 신격호 회장의 승부사 같은 경영신념이 없었다면 불가능했다.

호텔 신축 당시 신 회장은 정부 고위층으로부터 쉐라톤, 힐튼 등 초일류 글로벌 호텔체인과의 제휴를 권유받았다. 그러나 신 회장은 이를 단호히 거절했다. "외국에 로열티를 지급하면서 어떻게 정상적으로 호텔을 경영할 수 있겠느냐"며 호텔 이름에 '롯데'를 고집해 관철시켰다. 호텔을 단순한 숙박시설이 아닌, 비즈니스와 생활 전반을 뒷받침하는 첨단 지원시설로 인식했다는 점이 당시로서는 특히 신선한 충격이었다.

글로벌 수준의 호텔에는 한국을 방문한 외국 귀빈들이 숙박하게 된다. 비즈니스맨도 유명한 호텔을 이용함으로써 사회적 지위가 올라간 듯한 기쁨을 누릴 수 있다. 그곳에서 받은 최고의 서비스를 자국에 돌아가 이야기하면 한국을 보는 현지의 시선이 달라지기 마련이다. 글로벌 수준의 호텔을 설립한다는 것은 국제사회에서 차지하는 한국의 위상을 높이는 데 크게 기여하는 일이기도 했다.

롯데호텔 오픈 초기 호텔을 방문한 국빈

레오폴 세다르 상고르(Léopold Sédar Senghor) 전 세네갈 대통령.
롯데호텔 오픈 후 최초로 맞은 국빈이다.

후세인 온(Hussein Onn)
전 말레이시아 총리

쿠르트 발트하임(Kurt Waldheim) 전 유엔사무총장

헨리 키신저(Henry Kissinger) 전 미 국무장관

보리스 옐친(Boris Yeltsin) 전 러시아 대통령과
신격호 회장

마거릿 대처(Margaret Thatcher) 전 영국 총리

헬무트 콜(Helmut Kohl) 전 독일 총리

진실과 본질은 '뒷면'에 숨어 있다

롯데호텔 34층에서 회의가 있던 어느 날이었다. 오후 2시에 시작된 회의는 저녁때가 돼도 끝나지 않았다. 결국 저녁식사로 도시락을 먹으면서 회의는 계속 이어졌고, 밤 11시가 되었을 때 참석자들 사이에 '오늘은 이쯤에서 끝내도록 할까요?'라는 분위기가 감돌기 시작했다. 그런데 신격호 회장의 "계속 하자"는 한마디에 참석자 모두가 다시 정신을 가다듬었다. 날짜가 바뀌고 새벽 1시가 돼서야 회의가 끝났다. 장장 11시간에 걸친 마라톤 회의가 열린 것이다. 참석자들은 모두 녹초가 돼 각자 방으로 돌아가자마자 깊은 잠에 빠져들었다. 그런데 … .

신 회장은 회의가 끝나자 호텔 관계자를 불러 함께 시설을 돌아보며 점검했다고 한다. 그 왕성한 에너지도 충격이었지만, 최상층인 38층부터 지하 3층까지 계단으로 직접 걸어 내려오면서 오전 3시까지 계단실과 창고를 모두 점검했다고 하니 놀라지 않을 수 없었다. 그리고 야근 중이던 직원과 외부 공사 관계자들이 계단실 문 앞에서 담배를 피운 후 꽁초를 페인트 통에 버린 것을 보고는 엄하게 꾸짖었다고 한다.

겉으로 드러나는 면에는 누구나 주의를 기울인다. 하지만 사람 눈에 잘 띄지 않는 면에 대해서는 주의가 산만해지기 쉽다. 그런 곳에서 심각한 문제의 불씨가 자란다는 것을 신 회장은 이미 간파하고 있었다. 또 아무도 상상하지 못한 타이밍에 불시 점검함으로써 실태를 정확하게 파악할 수 있다는 점 또한 경험으로 알고 있었던 것이다. 이처럼 예리한 시각과 실행력, 그리고 시의적절한 선택은 내가 이후 일을 추진하는 데 훌륭한 교훈이 되었다.

"겉으로 드러나는 면이 아닌 숨어 있는 뒷면을 확인하라!"

신격호 회장의 이 방침은 공사과정과 시공검사 때도 여러 차례 확인할 수 있었다. 신 회장과 함께 나는 특정 부분의 마무리 상황을 점검할 기회가 있었다. 그때 신 회장은 공사 관계자와 담당자가 모두 지켜보는 가운데 바닥과 벽, 천장에는 눈길도 주지 않고 천장 일부를 떼어낸 후 천장 안쪽의 전기 배선과 급·배수관 등을 점검했다.

이때 스프링클러(sprinkler) 배관이 연결돼 있지 않은 것을 발견했다. 신 회장은 단호하게 전체 건물의 천장 안쪽에 있는 스프링클러를 모두 점검하도록 지시한 후, 내장 마감에 대해서는 일체 확인하지 않고 그 자리를 떠났다.

중요한 것은 보이지 않는 뒷면에 숨어 있다. 가장 해이해지기 쉬운 것도 바로 거기에 있다는 사실을 신 회장은 간파하고 있었다. 표층적인 현상이나 눈에 띄는 변화에만 시선을 빼앗기지 않고 사물의 보이지 않는 뒷면에 주목해 본질을 파악하고자 한 것이다.

신격호 회장의 이런 경영 통찰력은 지금의 롯데 경영진이나 사원들에게 면면히 이어져 내려오고 있다.

롯데호텔 신관 건설현장을 둘러보는 신격호 회장

롯데월드타워 건설현장을 점검하는 신동빈 현 회장

소공동 롯데쇼핑센터 개점일에 매장을 방문한 신격호 회장

롯데월드몰 개점일에 매장을 방문한 신동빈 현 회장

소공동 복합개발 기본구상도

계획시기 | 1973년

비원(PIWON) 투시도
서울의 주요 문화재인 창덕궁 비원의
이름을 따서 소공동 개발 프로젝트
명칭을 '비원'(PIWON)이라고 지었다.
이 도면은 1973년 박정희 전 대통령에게
보고 시 사용했던 것으로, 이때의 호텔
디자인은 약간 곡면으로 되어 있었다.

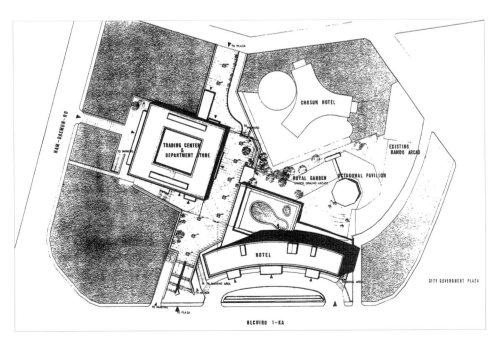

비원 용지 계획
당시에는 상상도 못 할 호텔,
백화점, 오피스가 어우러진
복합개발로 계획되었다.

단면도
신격호 회장은 당초 '40층,
1천 실 이상'의 호텔 건설을 구상했지만
계획을 진행하면서 33층, 1천 실이
적절하다고 판단했다. 당시 서울에서
가장 높은 건물이 31층이었기 때문에
33층으로도 충분히 '한국 최고'가 될 수
있었다. 저층부에는 연회장, 레스토랑,
운동시설 등을 설치하도록 계획했다.

PIWON PROJECT

소공동 복합개발 기본설계안

계획시기 | 1974년

1973년 기본구상에서 33층이었던 호텔은 실시설계에서
37층이 되었다. 1층과 지층 저층부는 백화점 등과 편리하게
왕래할 수 있도록 연결되었다.

소공동 복합개발 모형 사진

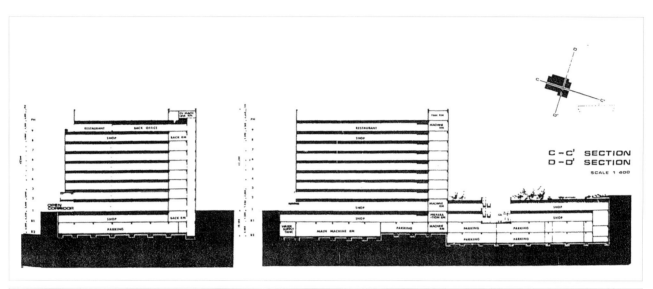

C - C' SECTION
D - D' SECTION

SCALE 1 400

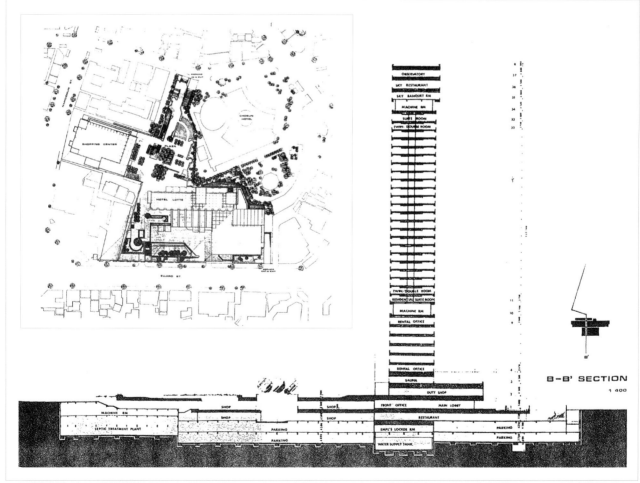

B-B' SECTION

1 400

2기 개발 구상안

계획시기 | 1983년

1979년 초고층 호텔과 백화점의 복합개발로 성공을 거둔
소공동에서는 연이어 2기 개발 구상이 발표되었다.
2기 개발에서는 백화점 매장 면적을 3배로 넓히면서 롯데의 건물이
남대문로와 을지로 교차로에 자리하게 되었다. 그 결과
지하철 2호선 을지로입구역과 직접 연결시키는 것도 가능해졌다.
또 모형이나 도면에는 호텔과 백화점에 둘러싸인 오픈 스페이스에
광장의 중심이 되는 상징탑도 설치되었다.

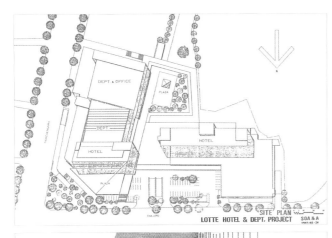

SITE PLAN
LOTTE HOTEL & DEPT. PROJECT   SOA & A

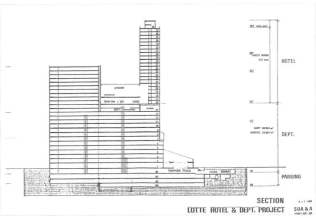

SECTION
LOTTE HOTEL & DEPT. PROJECT   SOA & A

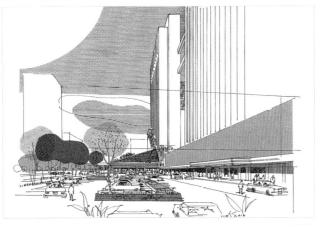

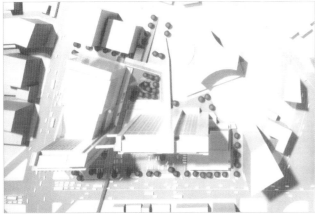

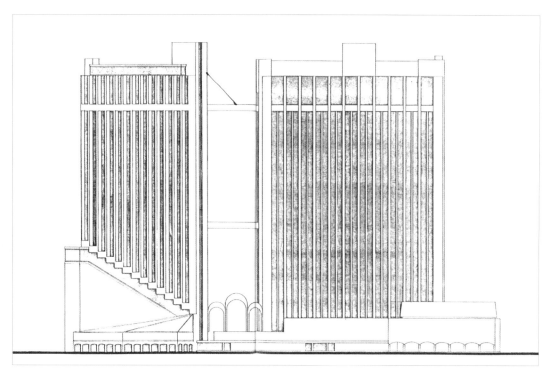

호텔동이 랜드마크가 될 수 있도록 판상형의 트윈 타워(twin tower)로 해서 스카이라인이 형성되도록 계획했다.

남산서울타워를 중심으로 한 서울 경관. 주변에 고층빌딩이 즐비한 지금도 롯데호텔 트윈 타워는 랜드마크로 쉽게 눈에 띈다.

계획 당시 서울의 스카이라인.
완성되면 시가지에 우뚝
솟은 랜드마크가 된다는 것을
알 수 있다.

3기 개발로 롯데타운 완성

오픈 | 2003~2005년

3기 개발에서는 2003년 11월에 영플라자, 2005년 3월에 명품관
에비뉴엘이 오픈, 소공동에 롯데타운이 완성되었다.

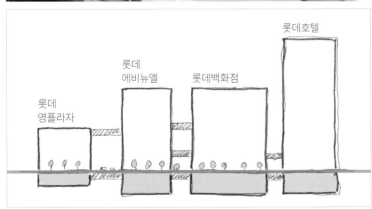

복합된 건물을 지상층이나
지하에서 연결시켜 복합효과를 높였다.

시민들의 쉼터 광장에
심벌타워 건립

계획시기 | 1982년

롯데타운 중심에 세워진 높이 약 33m의 오벨리스크는
시민들이 모이는 광장의 심벌이자 어수선하고 복잡한
도심 한복판에서 유구한 시간을 느낄 수 있는 조형물이었다.

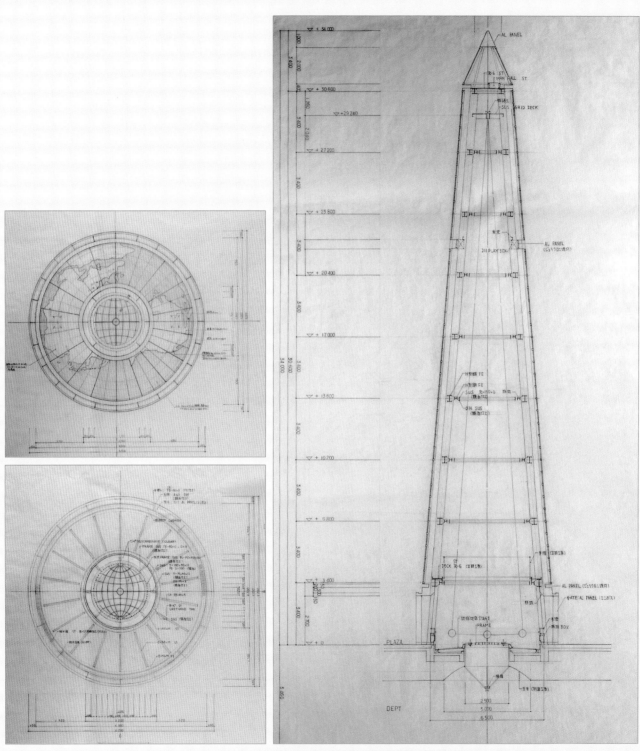

지구가 자전하기 때문에 오벨리스크 내부에 있는
푸코의 진자는 24시간 동안 360도 자동 회전한다.

롯데월드,
'세계 최초'를
꿈꾸다

2

신격호 회장, 강남 개발에 함께하다

잠실의 미래에 꿈은 부풀고

서울은 한강 북쪽부터 시가지를 형성, 번성한 도시다. 반면 한강 남쪽은 북쪽이 시가지로 발전한 이후에도 여전히 미개발 상태로 남아 있었다. 논밭들 사이로 소규모 공장과 주택단지가 군데군데 흩어져 있는 농촌마을 그 자체였다.

게다가 북쪽과 남쪽을 연결하는 다리도 1973년 당시 6개밖에 없었다. 하지만 다리를 증설해 두 지역의 연계를 강화한다면 큰 발전이 기대되는 성장 잠재력이 높은 지역이었다.

그런 의미에서 강남지역 개발은 서울시는 물론 국가 전체 발전 측면에서도 크게 기여할 수 있는 사업이었다. 서울시와 비슷한 생각을 갖고 있던 신격호 회장은 강남지역의 잠실지구

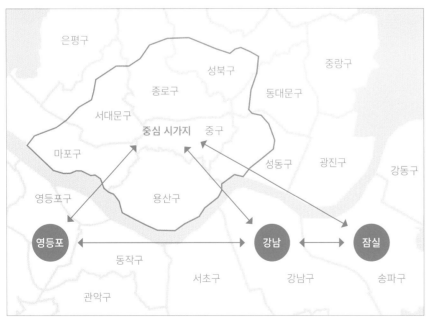

롯데가 소공동 지구에 이어 개발한 잠실은 서울의 중심가 명동과는 직선으로 약 12km 거리.
현재는 부유층이 많이 거주하는 강남이나 공업이 발달한 영등포와 함께 한강 남쪽에 위치해 있어
개발 후에는 부도심으로 발전할 가능성이 충분했다.

잠실은 1996년에 개통된 지하철
8호선이 지나는 송파대로를
기준으로 서쪽지구와 동쪽지구로
나뉘었다. 남쪽으로는 수량이 풍부한
석촌호수의 서호와 동호, 그리고
벚꽃 명소로 유명한 송파나루 공원이
자리하고 있다.

롯데월드가 개발되기 전
잠실지구에는 논밭과 공장, 주택이
군데군데 흩어져 있었다.

를 부도심으로 개발하는 서울시 사업에 참여하여 그 일익을 담당하기로 결심한다.

　　잠실지구는 두 개의 간선도로와 연결돼 있고 지하철은 주요 순환선인 2호선과 8호선
이 지난다. 뿐만 아니라 개발예정지 남쪽으로는 공원 두 개가 나란히 붙어 있고, 수량이 풍부
한 호수를 각각 품고 있다. 교통 편의성도 높은 데다 매력적인 자연환경까지 갖춘 이곳이 개발
지라고 생각하니 신 회장의 꿈과 상상력은 나날이 커져 갔다.

상식을 뛰어넘는 발상과 스케일

'세계 최초', '세계 최고'를 추구하다

신격호 회장은 '세계에 없는 것', '세계에서 으뜸가는 것'을 강하게 요구했다. 이 목표가 실현되면 사업을 전개할 때 강력한 집객력(集客力)과 경쟁력을 발휘해 사업 성공을 크게 앞당길 수 있다고 보았기 때문이다. 특히 대중을 상대로 하는 사업이라면 '세계 최초'나 '세계 최고'가 사람들을 끌어 모으는 가장 중요한 원동력이 된다. 그는 잠실지구 개발에서 이 중 하나 또는 둘 모두를 목표로 한다고 했다. 잠실 '롯데월드'는 신 회장의 이런 정신과 집념, 열정을 고스란히 쏟아부어 탄생시킨 결정체나 다름없다. 더불어 소공동 지구에서 성공 체험을 한 호텔, 백화점, 오피스의 복합개발을 이곳 잠실지구에서도 활용하기로 일찌감치 결정했다.

전대미문의 복합개발 사업

개발예정지가 잠실 동쪽지구에서 면적이 약 1.5배 더 넓은 서쪽지구로 변경되면서 신격호 회장이 구상했던 복합개발은 더욱 강력한 추진력을 얻게 됐다. 광활한 부지에 남다른 규모의 스케일로 추진되는 개발은 그 자체만으로도 높은 집객력과 경쟁력을 지닌다. 그래서 대규모 복합개발에서는 광대한 부지만으로도 충분하다는 견해도 있다.

하지만 신 회장이 그 부지에 건 꿈은 그보다 훨씬 컸다. 당시 잠실은 서울 도심에서 멀리 떨어진 곳이었을 뿐만 아니라 주변에 거의 아무것도 없는 농촌마을에 가까웠다. 잠실을 포함한 부도심 개발의 마스터플랜도 윤곽이 정확히 알려지지 않은 시절이었다. 그래서 신 회장은 이곳에 사람들을 끌어모을 수 있는 다양한 레저시설을 짓되 호텔과 백화점이 같이 들어서는 초대형 복합시설을 구상하고 있었다.

신 회장의 이런 원대한 구상에 걸맞게 오쿠노팀도 호텔과 상업시설로 구성된 복합개발 요소에 '테마파크'를 추가한 전대미문의 기획안을 만들어 제안했다. 이것이 실현된다면 신 회장이 그토록 바라던 '전 세계 유일무이한 시설'이 탄생하게 된다.

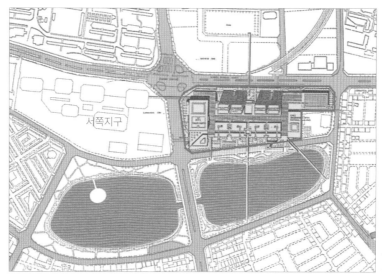

잠실지구 개발계획이 거론되었을 때
롯데의 개발 후보지는 동쪽지구였다.
서쪽지구에는 이미 다른 기업의
쇼핑센터 건립이 계획되어 있었다.

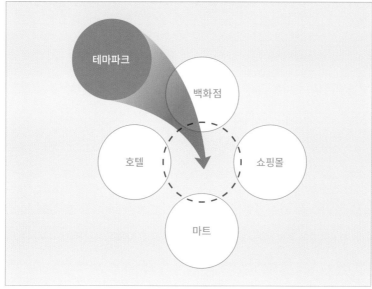

테마파크

백화점

호텔

쇼핑몰

마트

개발지가 약 1.5배 넓은 부지로
변경되면서 필자는 복합개발의 중심에
테마파크를 조성하는 구상을 제안했다.
이 제안은 신 회장이 늘 강조했던
'가족이 함께 즐길 수 있는 공간 조성'을
실현하는 것이 목적이었다.

　　하지만 거기에는 커다란 걸림돌이 있었다. 걸림돌은 다름 아닌 테마파크 사업추진 자체
의 어려움과 호텔, 백화점, 쇼핑몰과 테마파크를 복합시킬 경우 그 시너지 효과가 불확실하다
는 것이었다. 이 두 가지 걸림돌에 대한 해법을 찾기 위한 사례조차 찾을 수 없었다.

열정과 도전으로 무너뜨린 미지의 벽

미국 유명 테마파크를 교과서 삼다

잠실 서쪽지구에 테마파크를 포함한 복합개발 구상이 대두되었을 당시, 세계에서 유명한 테마파크라고 하면 미국의 '디즈니랜드와 디즈니월드', '유니버설 스튜디오', 그리고 '할리우드', 이 세 곳뿐이었다. 디즈니월드는 플로리다주 올랜도에 개장한 지 얼마 되지 않았을 때였다.

놀이기구 등으로 구성된 어뮤즈먼트 파크(amusement park)를 한 단계 진화시킨 '테마파크'는 엄청난 집객력을 자랑한다. 가족 단위로 즐길 수 있다는 점과 재방문 고객이 많다는 점이 커다란 장점이다.

미국 디즈니의 시설 및 유니버설 스튜디오는 원래 모회사가 영화나 애니메이션을 제작 및 배급하는 기업으로, 자체 보유한 콘텐츠의 역량을 최대한 활용해 테마파크 사업을 성공적으로 이끌고 있었다. 또 부러울 정도로 쾌적하고 친절한 고객 서비스가 방문객들의 마음을 완전히 사로잡아 마치 딴 세상에 있는 듯한 체험을 가능케 한다. 이 체험이 마음속에 강렬하게 남은 고객은 또다시 찾고 싶어지고, 이는 테마파크 사업의 필수 요소인 재방문 확보로 이어졌다.

신격호 회장, 가족을 위한 공간에 큰 관심

수많은 기업들이 이 집객력에 매력을 느껴 테마파크 사업에 진출하려고 한다. 하지만 시설은 만들 수 있어도 알맹이에 해당하는 콘텐츠가 부족하다거나, 3~5년 주기로 집객력 유지를 위한 재투자가 필요하다는 점이 실행을 가로막는 장애요인이다. 철저한 준비 없이 충동적으로 시작해서는 안 되는 사업이 테마파크 사업이다.

이런 리스크에도 불구하고 테마파크 사업은 매력적인 비즈니스인 것만은 분명하다. 특히 이전부터 가족이 함께 하루를 보낼 수 있는 공간 조성에 높은 관심을 갖고 있었던 신 회장에게 테마파크는 충분히 매력적이었고 도전할 만한 사업이었다. 신 회장은 이 프로젝트에 대

어뮤즈먼트 파크는 일정한 크기의 부지 안에 여러 종류의 놀이기구를 모아 놓은 공간이다.
어른들은 이를 즐긴다기보다는 아이들이 놀이기구를 타고 즐기는 동안 대충 시간만 때우는
모습을 심심치 않게 볼 수 있다. 아이들이 졸라서 따라오긴 했지만 가족 모두가 함께
즐길 수 있는 공간이라고는 할 수 없다. 하지만 테마파크라면 색다른 공간에서의 경험을
즐길 수 있다. 놀이기구 이외에도 쇼, 퍼포먼스 등 가족 모두가 다양한 방법으로
이곳에서 즐거운 시간을 보낼 수 있다. 롯데월드가 테마파크를 고집한 이유도 여기에 있다.

한 자신의 뜻을 롯데 임원진에게 넌지시 말하고 의중을 떠봤다.

어느 날 신격호 회장은 롯데 임원진에게 "한국은 아직까지 젊은이와 어린이들에게 해주는 것이 너무 없어. 꿈과 용기를 주는 일을 우리가 해야 하지 않나?"라고 물었다. 묻는 말이라기보다는 사실상 자신의 생각을 털어놓은 것이나 다름없었다. 이 당시 신 회장은 벌써 청소년과 젊은이들을 위한 공간, 가족이 함께 즐길 수 있는 멋들어진 공간을 한국에 세워야겠다는 구상을 갖고 있었다.

신 회장은 테마파크 사업 진출이라는 새로운 목표를 세우고 도전에 나선 것이다. 다른 회사들의 실패 사례를 면밀히 분석해 반면교사로 삼았음은 물론이다. 이와 함께 실패를 초래한 장애물들을 어떻게 극복할지 대비책도 주도면밀하게 마련했다.

도시형 테마파크의 성공 열쇠

교통여건 뛰어난 잠실은 테마파크 최적지

미국의 디즈니랜드나 디즈니월드, 유니버설 스튜디오는 도시권 교외지역 또는 리조트 지역에 위치한다. 접근할 수 있는 교통수단이 자동차밖에 없다. 따라서 재방문 고객을 확보해서 사업을 유지하려면 강력한 콘텐츠와 이를 토대로 한 어트랙션(attraction) 재투자가 필요하다.

반면 인구 1천만 도시의 부도심으로 기능하는 잠실은 서울 지하철의 주요 노선 두 개를 이용할 수 있고, 두 개의 간선도로가 교차하는 최적의 교통여건이 갖춰진 요충지다. 대중교통을 이용해 1시간 내외로 방문할 수 있는 상권 인구가 800만~1천만 명이나 된다는 것은 재방문 고객 확보라는 관점에서 엄청난 장점이다.

교외나 리조트지역에 있는 미국의 테마파크에 가려면 아침 일찍 출발해 하루 종일 걸려서 가거나, 하룻밤 숙박을 생각하고 가야 한다. 정확히 일정을 잡고 테마파크에서 하루 온종일을 보낼 '각오'가 돼 있어야 한다.

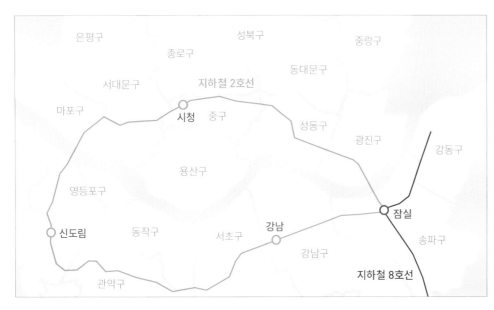

잠실은 지하철 노선 두 개가 지나는 곳이다. 하나는 중심 시가지와 번화가, 다른 부도심을 연결하는 주요 순환선인 2호선, 다른 하나는 서울시 외곽을 지나는 8호선이다. 운행지역이 다른 두 노선의 접점이 되는 잠실은 다양한 지역에서 편리하게 접근할 수 있는 위치다.

하지만 도시형 테마파크라면 다른 일을 하러 나갔다 잠깐 들를 수도 있다. 서울 중심부에 있는 쇼핑몰이나 백화점, 마트 등의 쇼핑객이 즉흥적으로 들른다거나, 저녁을 먹고 난 후 야간개장 파크를 이용할 수도 있다.

실제로 덴마크 코펜하겐 중앙역 바로 맞은편에 위치한 '티볼리 공원'은 낮에는 어뮤즈먼트 파크를 이용하는 가족이나 정원을 산책하는 사람들로 북적인다. 저녁에는 입장객 대부분이 성인으로 바뀌면서 공원 안 레스토랑이 늦은 밤까지 사람들로 붐빈다. 뿐만 아니라 시설 이용 목적이 아닌, 쇼나 이벤트를 보기 위해 찾아오는 사람들도 있다. 입장료를 내야 하는데도 불구하고 다양한 세대가 각자의 목적에 따라, 원하는 시간대에 이용하는 것이다. 티볼리 공원이 시민들에게 '마음의 고향'으로 불리며 이토록 사랑받는 것도 사람들이 많이 모이는 코펜하겐 시가지에 있다는 입지조건과 무관하지 않다.

잠실도 서울의 중심가에서 가까워 다양한 시간대에 많은 사람이 부담 없이 찾을 수 있는 곳이다. 교통 편의성이 뛰어난 이런 입지조건이 테마파크의 가동률을 높이는 장점으로 작용할 것으로 신 회장은 판단했다.

사업 추진 당시 인구분포와 장래예측
상단 1985년
하단 1996년

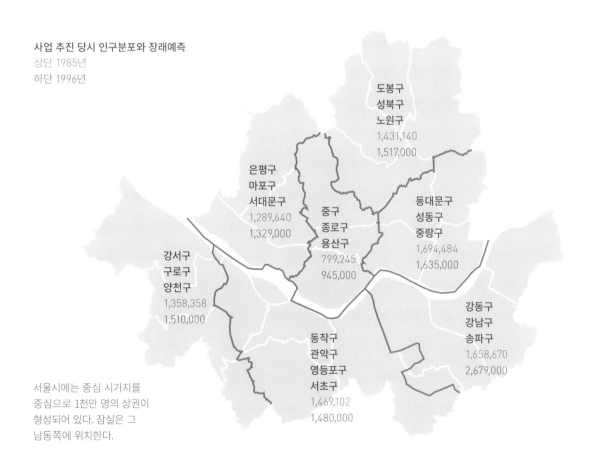

도봉구
성북구
노원구
1,431,140
1,517,000

은평구
마포구
서대문구
1,289,640
1,329,000

중구
종로구
용산구
799,245
945,000

동대문구
성동구
중랑구
1,694,484
1,635,000

강서구
구로구
양천구
1,358,358
1,510,000

동작구
관악구
영등포구
서초구
1,469,102
1,480,000

강동구
강남구
송파구
1,658,670
2,679,000

서울시에는 중심 시가지를 중심으로 1천만 명의 상권이 형성되어 있다. 잠실은 그 남동쪽에 위치한다.

180년 동안 시민의 사랑을 받은 덴마크 티볼리 공원

덴마크의 수도 코펜하겐 중심 시가지에 어뮤즈먼트 파크와 야외무대, 정원, 식음료 시설 등을 갖춘 티볼리 공원이 있다. 1843년 개장 이래 약 180여 년이 지난 지금까지도 시민들로부터 꾸준히 사랑을 받고 있다.

잠실에 테마파크를 개발하는 계획단계에서는 주로 미국의 테마파크 성공사례를 참고했다. 그중 하나인 디즈니랜드를 설립하기 전 월트 디즈니가 여러 번 방문한 곳이 티볼리 공원이었다. 테마파크의 원조라고도 할 수 있는 이 티볼리 공원에 롯데월드가 시민들에게 오래도록 사랑받을 수 있는 비법이 숨어 있지 않을까?

티볼리 공원이 있는 곳은 인구 약 50만 명, 도시권 인구 약 280만 명을 거느린 코펜하겐시의 중심부인 코펜하겐 중앙역 앞이다. 말 그대로 도시형 파크다. 오쿠노팀이 2009년 현지조사를 갔을 때에는 혹독한 추위로 인해 1년 중 개장기간이 약 7개월 정도에 지나지 않았다. 수많은 시민과 관광객들의 기대에 부응해 현재는 연중 운영되고 있다. 연간 방문객 수는 약 440만 명에 이른다.

야간 입장객 수만도 전체의 50%를 차지한다. 티볼리 공원이 성인들의 사교장으로도 인기가 높기 때문이다. 180여 년이라는 역사를 자랑하는 티볼리 공원은 시민들에게 '마음의 고향'으로 불린다. 오래도록 사업을 유지하려면 시민들에게 사랑받는 것이 가장 중요하다. 그러나 이 명제는 말로는 쉽지만 실행에 옮기기 가장 힘든 일이기도 하다.

덴마크 코펜하겐의 티볼리 공원

실내형 파크라는 놀라운 발상

기상조건과 시간적 제약의 극복

일반적으로 어뮤즈먼트 파크나 테마파크는 탁 트인 개방된 환경에 조성하는 것이 상식처럼 여겨졌다. 상쾌한 바람이 부는 파란 하늘 아래에서 즐거운 시간을 보내는 것을 쉽게 상상해 볼 수 있다. 그런 면에서 '실내형 테마파크'를 계획한 롯데월드는 테마파크의 상식과 맞지 않았다. 하지만 이 거대한 실내공간에는 야외시설에는 없는 매력 창출의 가능성이 담겨 있다.

무엇보다 거대한 공간 그 자체가 흥미진진하다. 대규모 공간은 그것만으로 '메인 어트랙션'이나 다름없다. 또 천장과 벽을 이용한 경관 디자인도 가능하다. 경관을 완전히 조절하게 되면 자연의 시간에 제약받는 일 없이 계절이나 시간대에 어울리는 최고의 분위기를 연출할 수 있다.

기상조건이나 날씨도 조절할 수 있다. 개방된 환경의 테마파크라면 비나 강풍이 부는 날, 강추위나 폭염 때는 이용객 수가 뚝 떨어질 수도 있다. 하지만 실내형 테마파크라면 이런 고민을 할 필요가 없다. '시간'과 '날씨'를 조절할 수 있는 실내형 테마파크는 1년 내내 높은 가동률을 확보할 수 있다. 집객력의 강력한 무기가 되는 것이다. 성공의 열쇠는 공간의 스케일이다.

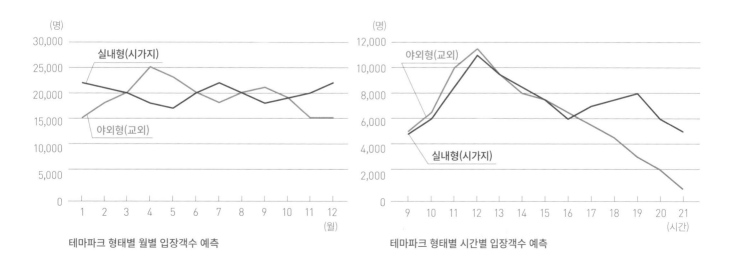

테마파크 형태별 월별 입장객수 예측

테마파크 형태별 시간별 입장객수 예측

롯데월드 성공 비결은 '스케일'

서로 다른 업태를 복합하는 개발의 계획단계에서는 테마파크의 스케일과 배치가 가장 중요한 과제였다. 결과적으로는 개발 사이트 중앙에 배치하게 되었다. 논의과정에서는 반대의견도 있었지만 이를 뒤집을 만한 매력이 '중앙 배치'에 있었기 때문이다.

오쿠노팀이 제안한 당초 계획안은 앞으로의 확장까지 고려한 2만 2천m², 천장 높이 25m의 개발이었다. 그러나 신격호 회장은 이러한 제안을 훨씬 뛰어넘는 '3만 3천m², 천장 높이 30m, 최고 높이 60m'의 거대 공간을 제시했다. 3만 3천m²는 미국의 돔 구장에 필적하는 크기다. 공간의 거대화는 투자비를 기하급수적으로 증가시킨다. 롯데 사내에서는 1만m² 규모의 안도 있었다고 하는데, 신 회장이 생각하는 스케일은 그 3배였다.

개장 후 30년이 지난 지금, 롯데월드라는 테마파크와 잠실 개발을 성공으로 이끈 요인 중 하나는 다름 아닌 신 회장이 제안한 이 거대한 스케일이었음을 새삼 깨닫게 된다.

또 천장 중심부에는 길이 210m, 폭 60m에 이르는 당시로서는 세계 최대 규모의 돔 천장을 설치해 지하 2층까지 엄청난 입체감의 빈 공간이 시원하게 펼쳐지도록 했다. 거대 공간 자체가 사람을 매료시키는 힘을 갖고 있다는 사실을 신 회장은 누구보다 빨리 터득했던 것이다.

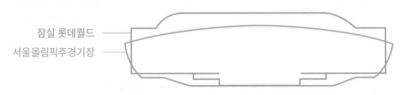

잠실 롯데월드
서울올림픽주경기장

잠실 서쪽지구의 롯데월드 실내형 테마파크와
서울올림픽주경기장의 스케일 비교

1851년 런던 만국박람회를 위해
만들어진 수정궁(The Crystal Palace)

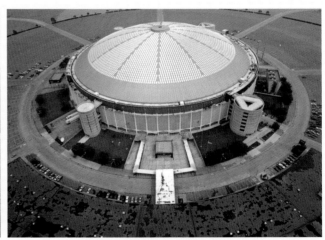

미국 휴스턴의 아스트로돔(Astrodome)

다이내믹한 세계의 탄생, '서라운드 복합'

어우러짐을 통한 시너지 효과

서로 다른 업태를 복합시킨 도시개발에서는 일반적으로 연관이 있는 시설은 이웃하게 하고, 연관이 없는 시설은 떨어뜨려 배치한다. 이와는 반대로 잠실에서는 '서라운드(surround) 복합'이라는 아이디어를 적용했다.

잠실의 '서라운드 복합'은 거대한 테마파크 공간을 개발지구의 중심에 배치하고 그 주변에 배치되는 호텔, 백화점, 쇼핑몰, 수영장, 아이스링크, 민속박물관 등을 테마파크와 시각적으로, 그리고 동선상으로 연결시키는 복합계획이다. 이를 통해 잠실 전체에 새로운 활기를 불어넣는 시너지 효과와 함께 서로 다른 업종이 한데 어우러지는 다이내믹한 세계의 탄생을 기대할 수 있다.

이 개발기법에서는 실내형 테마파크를 독립적으로 배치하지 않는다. 이렇게 하면 주변에 있는 여러 시설에서도 파크 내부의 즐거운 분위기를 공유할 수 있고 공간의 깊이를 증폭시키는 효과도 얻을 수 있다. 실제로 아이스링크와 테마파크 간의 시너지 효과는 기대 이상이다. 또 호텔 로비와 객실에서 테마파크를 바라보면 마치 테마파크의 신나는 분위기를 함께 누리고 있는 듯한 기분이 든다. 호텔 단독으로는 절대 낼 수 없는 분위기 연출이 가능해진다.

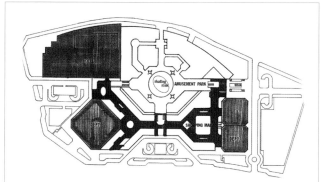

야외형 테마파크를 중심으로 백화점, 마트, 호텔 등
서로 다른 업태를 복합시켜 배치한 잠실 서쪽지구의 기본 구상안

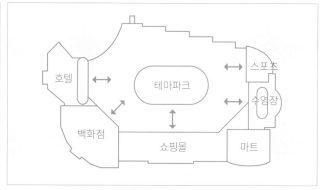

실내형 테마파크와 주변 상업시설,
호텔과의 '서라운드 복합'을 실현시킨 플랜

끈질긴 반대, 그리고 신격호 회장의 결단

전례 없는 사업에 대한 우려

소공동의 호텔과 백화점의 복합은 주변에서 반대가 심했지만 결과는 대성공이었다. 그 덕분에 잠실 서쪽지구 개발에서 호텔, 백화점, 쇼핑몰을 복합하는 것에 대한 반대의 목소리는 나오지 않았다. 하지만 테마파크를 복합시키는 구상에는 거센 반대의견들이 쏟아졌다. 만에 하나 복합시키더라도 부지 구석에 배치하거나 인접 부지에 계획해야 한다는 의견이 압도적이었다.

이는 테마파크에 대한 이해 부족에서 비롯된 면도 있었다. 일반적인 어뮤즈먼트 파크에 대한 인식 때문인지 시끄럽고 지저분하며 아이들 대상의 저렴한 시설이라는 이미지가 강했다. 만약 그렇다면 백화점이나 호텔이 요구하는 고객층과 접점이 없는 것은 당연하다. 여기에 '실내형'이라고 하니 더더욱 반대의견이 심했다. 예로부터 테마파크나 어뮤즈먼트 파크는 파란 하늘을 지붕 삼아 즐기는 시설이라는 인식이 강했다.

신 회장도 '실내형 테마파크'라는 아이디어 자체는 재미있어 했다. 하지만 우려되는 몇 가지 리스크를 해소할 방법을 찾지 못해 결정을 하지 못했다. 그러는 사이 어느덧 반년이 지나고 말았다. 예상되는 리스크 해소를 위한 벤치마킹 사례를 찾을 수가 없었다. 그래서 완전히 똑같은 것은 아니더라도 최소한 참고가 될 만한 사례라도 찾아보기로 했다.

극한의 땅에서 확인한 실내형 테마파크의 매력

참고사례를 찾아보라는 지시를 받은 롯데 미국 주재원이 찾은 곳은 캐나다 내륙 중부 에드먼턴이라는 도시에 있는 복합시설. 1981년에 오픈한 '웨스트 에드먼턴 몰(West Edmonton Mall, WEM)'은 쇼핑몰을 중심으로 어뮤즈먼트 파크, 워터 파크, 아이스링크 등이 각각의 독립된 실내시설로 운영되는 곳인데, 이곳을 찾는 사람들의 발길이 끊이지 않는다.

에드먼턴은 북위 53도에 위치한 도시로, 겨울철 기온이 영하 40℃까지 떨어지는 극한의 땅이다. 인구 93만 2,500명의 중소도시에 위치한 이 시설에 주말이면 10만여 명이 방

웨스트 에드먼턴 몰 내부 시설
(왼쪽) 실내 아이스링크의 모습
(오른쪽 위) 실내 쇼핑몰 내부에 놀이기구도 있다.
(오른쪽 아래) 갤럭시랜드는 북미 최대 규모의
실내형 어뮤즈먼트 파크이다.

문한다.

신격호 회장은 곧바로 현지 시찰에 나섰다. 혹한의 북미 대륙에서 아프리카 열대지방에 이르기까지 아이디어를 얻을 수 있는 곳이라면 어디든 마다하지 않고 달려갔다. 어떻게 하면 더 좋은 것을 보고 배워 한국에 도입해 롯데월드에 더 멋진 테마파크를 만들 수 있을까 하는 일념에서였다. 그 결과 쇼핑몰과 백화점, 레저시설의 복합이 강력한 집객으로 이어지는 모습을 신 회장 자신의 눈으로 직접 확인할 수 있었다.

또 실내형 레저시설은 추위가 매서운 지역이나 시가지에서 그 진가가 한층 더 발휘될 수 있음을 확신했다. 에드먼턴만큼은 아니지만 서울도 겨울철이면 기온이 영하로 떨어지는 곳이다. 시찰을 마치고 귀국할 즈음에는 잠실지구에서 실내형 테마파크를 중심으로 복합개발을 추진하는 데에 강한 확신을 갖게 됐다.

이후 계획은 단숨에 추진되었다. 신 회장은 이런 성격의 시찰에는 프로젝트 담당자를 반드시 동행시켜 프로젝트에 대한 확신이 드는 순간 바로 지시를 내렸다. 만약 담당자가 동행하지 않았는데 사업에 참고가 될 만한 사례를 찾았을 때는 그 즉시 담당자를 현지로 보냈다. 때문에 해외에서도 신 회장의 귀국을 기다릴 필요 없이 프로젝트는 움직이기 시작했다.

조금이라도 석연치 않은 부분이 있으면 곧바로 현지로 달려가 자신의 눈으로 직접 확인한 후 가능성이 보이면 그 자리에서 바로 결정하고 추진했다. 캐나다 시찰에서 보여 준 일련의 움직임은 신중하면서도 뛰어난 선견지명을 발휘해 도전하는, 신 회장만이 가지고 있는 사업 추진방식의 결정체였다.

선진 노하우 탐구, 불가능을 가능으로 바꾸다

소프트웨어를 어떻게 채울 것인가?

1985년 오쿠노팀은 테마파크를 중심으로 '서라운드 효과'를 지닌 복합개발의 완성 이미지를 제안했다. 당시 프레젠테이션을 위해 제작한 모형이 아직 남아 있다. 실내 테마파크를 품고 있는 돔 형태의 건물을 호텔이나 상업시설 등의 고층 건축물이 에워싸고 있다. 각각의 시설을 이어 주는 공간은 오픈 스페이스(open space)로 해서 주변에 녹지가 조성돼 있다. 남쪽에 위치한 호수를 활용하는 방안도 이 단계에서 이미 검토하고 있었다.

당초 테마파크를 실내에 수용한다는 사실만으로도 충분히 센세이셔널했다. 하지만 장애물은 있었다. 지속적인 발전을 위해서 테마 설정이나 연출 등 이른바 소프트웨어를 어떻게 채워 나가느냐가 최대 관건이었다.

당시 전 세계 통틀어 정통 테마파크라고 부를 수 있는 것은 디즈니 관련 시설과 유니버설 스튜디오 정도였다. 이곳은 대부분 내부 스태프들이 직접 계획을 맡아 진행했다. 따라서 이 두 주요 시설과 연관된 스태프에게 롯데의 계획을 의뢰할 수는 없었다. 미국에는 테마파크 기획을 전문으로 하는 독립형 회사도 있지만 기획료가 하나같이 턱없이 비쌌다. 당시 한국의 경제수준으로는 망설일 수밖에 없는 금액이었다.

작은 설계사무소에 건 기대

테마파크 개발이 암초에 부딪힌 상황에서 롯데의 미국 주재원이 벤처기업 한 곳에 주목했다. 바로 로스앤젤레스에 본사가 있는 바타그리아(Battaglia Inc.)였다. 1973년에 디즈니에서 독립한 리처드 바타그리아가 창업한 이 회사는 당시 사원이 두세 명밖에 없는 구멍가게 수준의 회사였다. 하지만 이미 눈에 띄는 실적을 올리고 있었다.

신격호 회장은 바타그리아를 직접 만나 보기로 했다. 바타그리아는 신 회장과 대화를 나누는 과정에서 실내형 테마파크 개발에 큰 관심을 보였다. 무엇보다 이 회사의 역량과 넘치는 에너지, 또 이제 막 사업을 시작한 신생회사의 일에 대한 남다른 열정과 적극성에 끌린 신

바타그리아 사가 설계한 실내형 테마파크 안

회장은 롯데의 파크 계획을 이곳에 맡기기로 결정했다.

　신 회장은 자신의 구상을 실현할 수 있는 가능성이 보이면 회사 규모는 따지지 않았다. 내가 이끄는 소규모 설계사무소에도 기회를 주면서 일을 계속 맡겨 온 것처럼, 바타그리아 사 에도 구상을 구체화하는 업무를 맡겼다. 어쩌면 도박과도 같은 신 회장의 결단은 회사 규모를 떠나 언제나 기회를 주고 "일단 도전해 보라!"는 배려의 정신에서 비롯된 것이었다.

　바타그리아의 첫 프레젠테이션은 콘셉트, 아이디어, 계획, 디자인 등 모든 것이 완벽했 다. 이를 뒷받침하는 엔지니어링이나 운영계획도 탄탄했다. 무엇보다 바타그리아가 실내형 파 크에 큰 기대를 걸고 계획에 적극적으로 임하는 모습이 신 회장을 만족시켰다.

　테마파크의 계획 및 제작은 디자인, 놀이기구 배치계획, 어트랙션 계획, 음향 조명 등 각

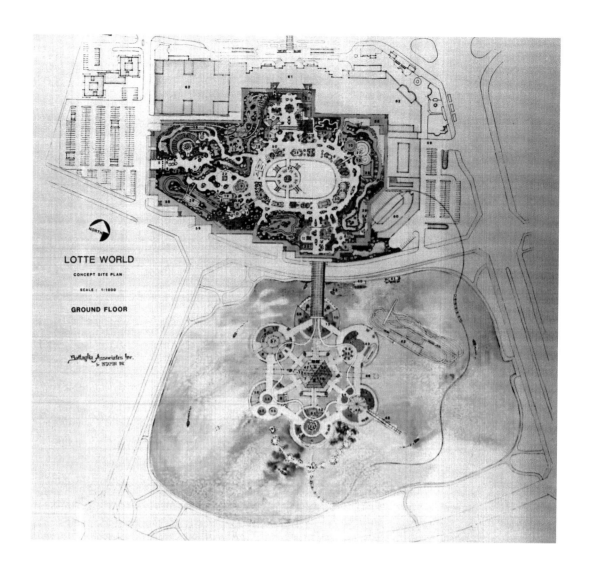

각의 독립된 높은 전문성을 지닌 업무를 통합해야 한다. 프로젝트가 움직이기 시작하면 각 분야에서 전문 스태프들을 모아 팀을 꾸린다. 바타그리아 자체는 사원이 두세 명밖에 안 되는 사무실 수준이었지만, 순식간에 30명 규모의 팀을 꾸려 외부 전문업체와의 협업이 자연스럽게 이뤄졌다.

롯데와의 작업을 위해 꾸려진 스태프는 디즈니나 유니버설 스튜디오 계획에 참여한 경험자를 포함해서 실력 있는 팀으로 구성됐다.

리처드 바타그리아와 필자(오쿠노 회장)

산 너머 산 … "소음을 잡아라!"

하지만 실내형 테마파크라는 점에서 비롯된 과제가 하나둘 나타나기 시작했다. 완성된 이후에 평면 확장은 불가능하기 때문에 미리 2층, 3층으로 입체적 공간 구성을 통해 효율적으로 활용할 필요가 있었다. 그런데 이런 구조는 하나의 놀이기구에서 발생하는 진동이 실내 공간 전체에 널리 전파되는 단점이 있다.

또 폐쇄된 공간이기 때문에 놀이기구의 작동음이나 사람들의 함성소리가 크게 울릴 뿐만 아니라 천장이나 벽이 이 소리를 더욱 증폭시켜서 주변에 소음을 발생시킬 수밖에 없다는 점도 문제였다. 하나같이 모두 해결하기 힘든 과제들이었다.

호수 위에 펼쳐진 환상적 풍경

사업의 일대 전환점이 된 호수 사용허가

실내형 파크가 옥외 환경과 하나로 연계되면 매력은 더욱 커지게 된다. 테마파크로서의 공간이 그만큼 늘어나기 때문에 입장객의 체류시간이 길어진다. 또 테마파크 내부가 다면적으로 구성되면서 고객들의 재방문 횟수를 늘려 사업 지속성이 높아진다. 이 때문에 일찍부터 신청했던 부지 바로 옆의 호수 사용허가가 서울시로부터 승인되었다는 점은 파크를 계획하는 데 있어 커다란 전환점이 됐다.

최악의 경우에 대한 대비책도 세워 놓았다. 호수를 사용할 수 없게 될 경우 옥상에 테마파크를 설치하는 방안을 검토했다. 하지만 그렇게 되면 옥상까지 30m의 수직이동이 필요했다. 많은 사람들을 실내와 옥상으로 오가게 한다는 것은 쉽지 않은 일로 현실성이 떨어졌다.

주변에서도 즐길 수 있는 테마파크로

호수가 개발대상에 포함되면서 호수에 둘러싸인 파크를 실현할 수 있게 됐다. '매직아일랜드'라고 이름 붙여진 호수 중앙의 섬과 실내시설 사이에는 120m 정도의 다리가 설치됐다. 천천히 걸어 3분이면 갈 수 있는 거리지만 고령자나 유아, 보행이 불편한 사람들의 이동도 고려해서 트램(tram)을 설치했다.

공원에서 바라본 전망을 한번 상상해 보자. 만약 호수를 이용할 수 없는 개발이었다면 공원에서는 호수 반대편에 있는 실내형의 '폐쇄된' 시설이 보일 뿐이었다. 하지만 실내형 테마파크의 공간이 호수 위로 확장됨으로써 호수에 떠 있는 아일랜드형 파크처럼 보일 수 있게 됐다.

다시 말해 롯데월드를 방문하는 고객뿐만 아니라 공원 등 주변에 놀러 나온 사람들에게도 아름다운 경관을 제공할 수 있게 된 것이다. 밤이 되면 테마파크가 내뿜는 빛이 호수의 수면 위로 반사돼 환상적 풍경을 자아내는 것을 관계자 모두가 상상할 수 있었다.

서울시도 처음인 법규의 적용

행정당국과 함께한 문제해결 노력

실내형 테마파크 건설에는 일반 옥외시설에는 없는 과제가 가로놓여 있었다. 특히 화재 시 대피 유도와 소화 활동에 관한 내용은 중대하면서 피할 수 없는 과제이기도 했다.

1만 명 이상이 이용하는 건물의 법 규제는 사례가 별로 없어서 새로운 해석에 따른 적용이 필요했다. 그래서 해외사례도 참고하면서 서울시, 소방서와 함께 검토를 시작했다.

그 결과 주로 다음과 같은 법 해석을 적용할 수 있게 됐다. 파크의 거대공간은 '2차적 외부공간'으로 간주하기로 했다. 파크 내부를 '2차적 외부공간'으로 하기 위해서는 소방차가 진입해서 실내에서 발생한 화재현장에 접근할 수 있도록 해야 한다는 조건을 충족시켜야 했다. 남쪽 도로에서 소방차가 파크 내부로 들어올 수 있는 개구부(開口部)를 설치한 것은 바로 그 때문이다. 또 소방차가 지날 수 있는 통로를 파크 내부에 확보해 외부와 거의 동일한 소화 활동이 가능하도록 했다.

고객들의 대피는 외부와 직접 연결된 통로를 이용하는 방법과, 테마파크 내부 통로로 일단 나와서 외부로 대피하는 방법, 두 가지가 있다. 후자의 경우 화재로 인해 발생하는 연기를 천장을 통해 외부로 배출시킴으로써 대피로를 확보할 수 있도록 했다. 천장이 높아서 연기가 통로까지 내려와 자욱해지려면 시간이 걸리기 때문에 이 방법이 가능했다.

이렇게 해서 안전 관련 법규라는 큰 장애물을 극복할 수 있었다. 이 산을 넘을 수 있었던 것은 롯데 직원과 시 당국의 새로운 발상과 노력 덕분이었다. 그리고 이 일은 실내형 테마파크를 실현하는 과정에서 얻은 크나큰 성과였다.

실내형 테마파크의 방재대책

거대한 실내공간을 구현하는 데 있어 가장 큰 과제는 안전성 확보였다. 만에 하나 실내에서 화재가
발생할 경우 최대 약 3만 8천 명의 입장객을 안전하게 대피시킨 후 신속하게 소화활동이 이루어져야만 한다.
더구나 잠실 롯데월드는 세계 최대 규모의 실내형 테마파크다. 이렇게 거대한 공간에 대한 안전 및
방재 관련 법률이 그때까지는 존재하지 않았다. 그래서 생각해 낸 것이 '2차적 외부공간'이라는 개념이었다.

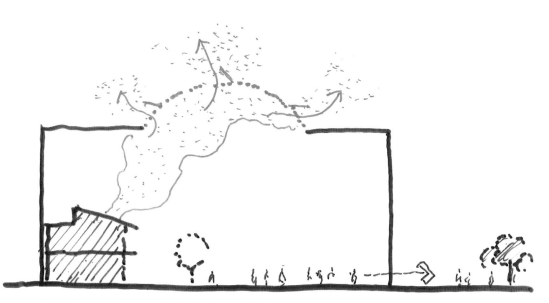

공간도 넓고 높이도 충분해서 천창을 통해 원활한 배연이
가능하다는 점에서 실내형 테마파크를 '2차적 외부공간'으로
간주했다. 재해가 발생하면 이용객들을 '2차적 외부공간'에서
일단 대피할 수 있도록 계획했다.

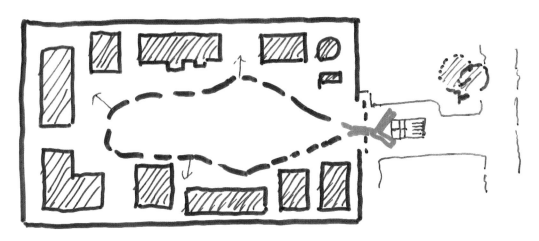

그 후 소방차가 '2차적 외부공간'까지 신속히 접근해
소방 활동이 가능하도록 통로를 충분히 확보했다.

시대를 앞서서 소비행동 패턴을 읽어내다

'상품 소비'에서 '경험 소비'로

복합개발에 참여하는 업태 중 안정된 매출 확보가 기대되는 것은 소매업이다. 특히 백화점은 그중에서도 가장 핵심이다. 지역 최고의 규모를 뽐내며 화려함과 함께 새로운 감각을 겸비한 롯데백화점은 소공동에서 발군의 경쟁력과 집객력을 발휘했다. 이렇게 해서 확립된 '롯데 스타일'이 잠실 복합개발에서도 계획의 기본이 됐다. 잠실지구에서는 한층 더 집객력을 안정시키기 위해 '거리 조성 발상'도 도입했다.

'거리 조성 발상'의 복합개발이란 쇼핑몰이나 마트 같은 소매업뿐 아니라 문화시설이나 레저시설, 엔터테인먼트시설 등을 복합시킴으로써 다양한 사람들이 다양한 목적으로 모여드는, 하나의 거리 같은 느낌의 매력 창출을 목표로 하는 개발을 의미한다. 여기서 테마파크는 허브의 역할을 하게 된다.

최근의 소비패턴은 '상품 소비' 대신 '경험 소비', '시간 소비'를 지향하는 경향이 강해지고 있다. 롯데가 1980년대에 도전하기 시작한 엔터테인먼트와 레저, 문화활동, 라이프를 중심으로 한 복합개발은 '경험 소비', '시간 소비'를 지향하는 이러한 경향을 일찌감치 파악한 사업이라고 할 수 있다.

'모든 사람이 한데 어우러지는 거리를 만들고 싶다'

신 회장은 평소부터 본인이 개발하는 지역은 다양한 사람들이 한데 모여 어우러지는 하나의 거리 같은 곳으로 만들고 싶다고 말했다. 이 발상은 테마파크에서 고집했던 '가족이 함께 즐길 수 있는 공간을 만들고 싶다'는 바람과 일맥상통한다. 그는 세대나 남녀, 직업, 출신 등의 차이를 뛰어넘어 장소와 시간을 공유하며 즐길 수 있는 공간을 만들고 싶었던 것이다.

여기에는 공공성 측면도 있지만 사업을 성공시키려는 경영자로서의 확신도 있었다. 요즘에는 독립된 개발지역을 거리처럼 기능시키는 것이 상식처럼 여겨진다. 신 회장은 이것을 이미 40년 전에 생각해서 실행에 옮겼다. 신 회장의 선견지명에 이제야 시대가 반응하기 시작했다고 볼 수 있다.

명동거리에 백화점을 평면 배치한 그림
소공동 롯데백화점의 평면(=각 층의 면적을 합한 면적)은 명동의 주요 블록을 합친 면적에 필적한다.
백화점은 그 정도로 강력한 집객력과 판매력을 갖춘 업태라고 볼 수 있다.

노스탤지어는 시대를 초월한다

민속박물관, 롯데월드에 노스탤지어를 부여하다

일반적으로 도시개발은 미래지향적 경향이 강하다. 새로운 것은 동경의 대상으로 사람을 매료시키는 힘이 있다. 이 때문에 미래지향적 계획은 집객의 중요한 요인이 된다.

이와 함께 옛날부터 전해 내려오는 것, 오래돼 익숙하고 그리운 것으로부터는 향수(nostalgia)가 자극을 받는다. 여기에는 선조들의 지혜를 후손에게 전승해 주는 일이 중요하다는 교의적(教義的) 측면도 있다. 그렇다 치더라도 노스탤지어는 인간에게 본래부터 갖춰진 정서 중 하나라고도 볼 수 있다.

사실 노스탤지어의 자극을 사업에 적극 활용하는 산업도 많다. 관광산업에도 그런 면이 있다. 월트 디즈니도 노스탤지어를 중시했다. 그가 만든 디즈니랜드에 어드벤처, 미래, 판타지와 함께 노스탤지어를 테마로 하는 존(zone)이 따로 있는 것을 보더라도 이를 알 수 있다.

잠실 롯데월드에서는 민속박물관이 노스탤지어를 강하게 드러내는 시설이라고 할 수 있다. 민속박물관에는 노스탤지어의 세계에 빠져들 수 있는 테마파크적 요소와 더불어 민속적 전통을 접할 수 있는 박물관으로서의 기능을 겸비한 존이 마련돼 있다. 복합개발에는 역사적 맥락이 중요하다는 점, 이것이 집객력으로 이어진다는 점까지도 신 회장은 모두 파악하고 있었다. 그가 도전한 프로젝트에는 이후에도 꼭 노스탤지어와 관련된 아이디어가 포함됐다.

미래지향적으로 꾸며진 세계는 10년 정도 지나면 더 이상 '미래'로서의 기능을 상실하게 된다. 여기에 반해 노스탤지어 세계는 지속성이 강하다. 도시에서 생활하는 사람은 숲이나 호수 등 자연환경에서도 노스탤지어를 느낀다. 잠실 롯데월드의 환경은 그런 면에서 호수와 풍부한 녹음이 갖춰진 균형 잡힌 도시개발의 보기 드문 사례라고 할 수 있다.

롯데월드 내에 위치한 민속박물관

거대한 스케일, 한국 저력 빛내다

올림픽에 맞춰 오픈하라

1985년 8월 착공한 실내형 테마파크 건설공사는 완성 목표시기를 서울에서 하계올림픽과 패럴림픽이 개최되는 1988년으로 잡았다. 많은 외국인이 서울을 찾는 이때야말로 한국의 능력을 세계에 알릴 수 있는 절호의 기회였다.

올림픽과 패럴림픽 개최를 목표로 범국가적으로 준비가 진행되는 가운데 잠실 롯데월드 개발에도 엄청난 기대가 모였다. 세계 159개 국가 및 지역이 참가하는 국제 체육행사가 개최되는 해에, 세계 최초의 대규모 실내형 테마파크와 이를 중심으로 한 복합개발이 웅장한 모습을 드러낸다. 상상만 해도 가슴이 벅차오르는 대사건이자 롯데로서도 그 성과를 세계에 알릴 수 있는 엄청난 기회였다.

개발 부지는 올림픽 메인 스타디움과 선수촌을 연결하는 올림픽도로에 인접해 있었다. 대회 사무국은 숙박시설 확보 차원에서 잠실 서쪽지구 개발에 기대감을 표시했다.

총면적 42만m²의 복합시설을 3년여 만에 완성시켜야 하는 혹독한 조건의 공사는 밤낮을 가리지 않고 강행됐다. 올림픽이라는 국가 중대사를 앞두고 추진한 프로젝트라 준공 시기를 맞추는 일이 무엇보다도 중요했다. 공기를 단축시키기 위해 미국의 바타그리아 사가 그린 그림을 가지고 1985년 공사에 돌입했다. 보통은 설계도 작성에만 1년 이상이 걸리는데 그것을 기다릴 여유가 없었다. 설계도를 건너뛰고 연필로 된 그림을 보고 착공했다. 지금 다시 생각해도 있을 수 없는 무모한 도전이었다.

기술적으로 힘들었던 것은 테마파크의 거대공간 공사였다. 거대공간의 가장 높은 곳에 설치해야 하는 천창(top light)은 미국의 전문업체에 발주했다. 이것을 설치하기 위해 지상 30m 높이에서 진행한 작업은 그야말로 난공사 중에서도 난공사였다.

테마파크는 어트랙션 등의 공사나 운영 준비기간이 필요하다. 특히 고객들을 상대해야 하는 스태프 교육에 예상보다 더 많은 시간이 소요됐다. 그 결과 세계 최초의 실내형 매머드 테마파크 그랜드 오픈은 목표보다 1년이 지난 1989년 7월 12일에 할 수 있었다. 올림픽과 패럴림픽이 열리는 해에 세계인들 앞에서 멋지게 그 모습을 드러내지는 못한 것이다. 하지만 공사 중이었던 거대한 스케일의 외관은 이를 지켜보는 외국인들에게 한국의 저력을 보여 주기에 충분했다.

　　이런 우여곡절 속에서도 롯데호텔은 해외 올림픽 운영진들의 숙박 예정일에 맞춰 오픈할 수 있었다. 천만다행이었다. 오픈 당일 새벽에야 공사를 마무리할 수 있었기 때문이다.

깐깐하고도
철저했던
자재조달 방식

일반적으로 건축공사에 쓰이는 재료나 기계 등 이른바 건축자재는 시공업체 측에서 조달하는 것이 하나의 관행처럼 돼 있다. 그런데 롯데는 자사 자재부가 석재나 유리, 새시, 천창, 위생기기 등을 전 세계 제조사와 직접 협상해서 조달했다. 이탈리아 산지까지 가서 품질확인과 가격협상을 모두 거쳐 양질의 고급 대리석을 조달한 경우도 있었다. 인도산 사암을 조달할 때는 치안이 안 좋은 지역에 위치한 채석장까지 총을 지닌 경호원과 함께 지프를 타고 직접 가서 구매하기까지 했다.

실내형 테마파크의 거대공간을 비추는 천창은 전 세계 업체를 대상으로 경쟁입찰을 진행해 미국 업체가 낙찰받았다. 이렇게 해서 조달비용을 30~40% 절감할 수 있었다. 이 같은 조달방식은 신격호 회장의 지시에 의한 것으로, 스태프의 조달능력을 키워 비용을 절감하는 한편, 세계 최고의 기술과 자재를 도입할 수 있었다.

대리석, 인도산 사암 등의 자재는 롯데 담당자나
자재부 직원이 현지까지 가서 품질을 눈으로 직접
확인한 후 가격을 협상해서 조달했다.

높이 30m의 천장에 설치한 돔형 천창은
경쟁입찰 결과 미국 업체에 발주. 길이 210m,
폭 60m는 당시로서는 세계 최대 규모였다.

키워드는 '가족이 함께 즐기는 하루'

"가족이 함께 하루를 즐겁게 보낼 수 있는 공간을 만들고 싶다."

신격호 회장이 롯데월드 프로젝트를 시작하면서 밝힌 소망이다.

신 회장이 누누이 강조해 온 '세계 최고의 시설', '세계 최초의 시설'이라는 명제는 이해하기 쉽다. '세계 최고', '세계 최초'는 면밀히 조사하면 어렵지 않게 해답을 찾을 수 있기 때문이다. 하지만 "가족이 함께 하루를 즐겁게 보낸다"는 명제는 다양하게 해석이 가능하다. 의미하는 바도 천차만별일 수 있다.

가족이 함께 단란하게 지내는 모습에서는 따뜻함과 포근함을 느낄 수 있다. 사람은 물론이거니와 동물이라도 솟구치는 감정은 다르지 않다. 가족이라는 존재는 이렇게 세상에 태어난 생물이 처음으로 갖게 되는 '보금자리'이다. 그리고 생명이 이어지는 장이기도 하다. 그래서 더더욱 마음 깊은 곳에 깃든 감정, 이를테면 향수 같은 것을 느끼게 되는지도 모른다.

월트 디즈니는 가족이 함께 즐길 수 있는 파크(park)를 목표로 어뮤즈먼트 파크를 대대적으로 개조했다. 단순하게 어린이용 놀이기구만 있는 것을 어른과 아이가 함께 즐길 수 있는 공간으로 바꾸었다. 말하자면 가족이 모두 함께 체험할 수 있는 테마파크로 발전시킨 것이다. 이것이 '디즈니랜드'를 성공시키고, 지금까지도 명성을 유지하고 성장할 수 있도록 한 중요한 원동력이 아닌가 싶다.

소공동 롯데타운 개발을 통해 확인된 다양한 시설의 복합화도 남녀노소 모두에게 그들 나름의 방식으로 즐길 수 있는 장소를 제공하는 것이 하나의 목적이었다. 거기에 더해 잠실 롯데월드 개발에서는 이런 복합요소에 테마파크를 추가했다. 이것이야말로 가족이 함께 즐길 수 있는 공간이자 신 회장이 바랐던 콘셉트를 구현하는 것이었다. 해결해야 할 과제가 산더미처럼 많았음에도 불구하고 신 회장이 테마파크를 중심으로 한 복합개발에 집착한 이유도 거기에 있었다.

가족이 함께 있는 모습은 흐뭇하고 따뜻하다. 아이까지 있으면 더욱 그렇다. 그 대상이 사람이든 동물이든 마음이 따뜻해지는 감정은 다르지 않다. 부모와 아이, 거기에 더해 고령의 조부모까지 함께 있는 모습은 그 자체가 생명의 연속성을 상징하고 있기 때문일 것이다. 신격호 회장은 새로운 사업을 구상할 때 사물의 본질이나 근저에까지 두루 시선이 미치는지를 중요한 판단의 기준으로 삼았다. 가족을 중시한 것도 분명 거기에서 삶을 영위하는 기본이나 원점을 찾았기 때문일 것이다.

잠실 개발.
처음의 대상 부지는 동쪽지구였다.

계획시기 | 1983년

동쪽지구 개발은 쇼핑몰을 중심으로 한
복합개발로, 석촌호수의 동호(東湖)가
바라다보이는 오픈 몰을 만들어 시원하게
탁 트인 공간에서 쇼핑을 즐길 수 있도록
할 계획이었다.

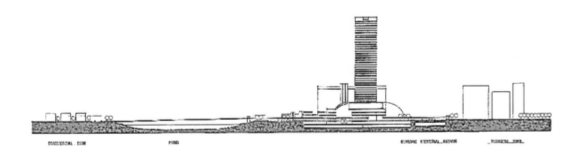

필자가 중심이 되어 계획한 동쪽지구 기본 구상안이 아직 남아 있다. 이 구상안에 따르면 지구 중심에 4개 동의 고층빌딩을 지어 잠실의 지역센터 기능과 함께 생활의 거점이 되는 거리 조성을 계획했다. 또 주변 지역과의 연계 강화를 위해 보행 네트워크도 중시했는데, 이 동선 네트워크는 동쪽지구를 지나 외부까지 이어지며, 석촌호수 동호 맞은편까지 뻗어 있다.

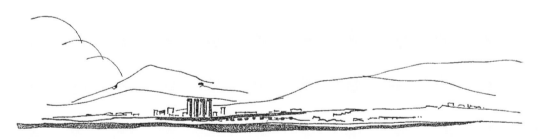

서울시 중심업무지구에서 바라본 조망

부도심 영등포에서 바라본 조망

민속박물관

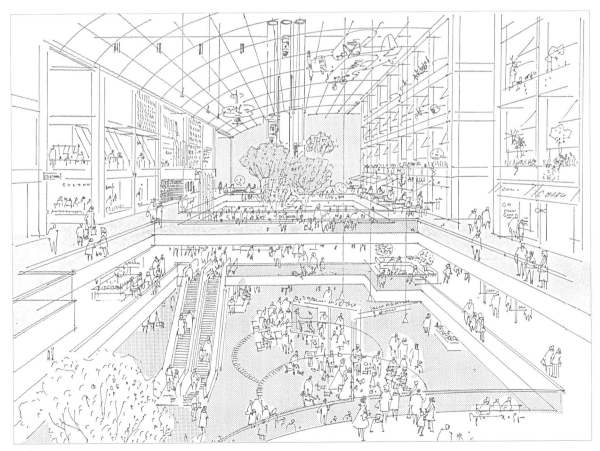

쇼핑몰

어뮤즈먼트몰

테마파크를 중심으로 복합시킨
잠실 서쪽지구 개발 구상안

계획시기 | 1985년

잠실 서쪽지구 개발에 앞서 1985년 신격호 회장에게 필자가 제안한
실내형 테마파크를 중심으로 한 복합개발 구상안. 인접한 석촌호수 서호를
최초 단계에서부터 야외시설로 연동시키는 것을 고려했음을 알 수 있다.

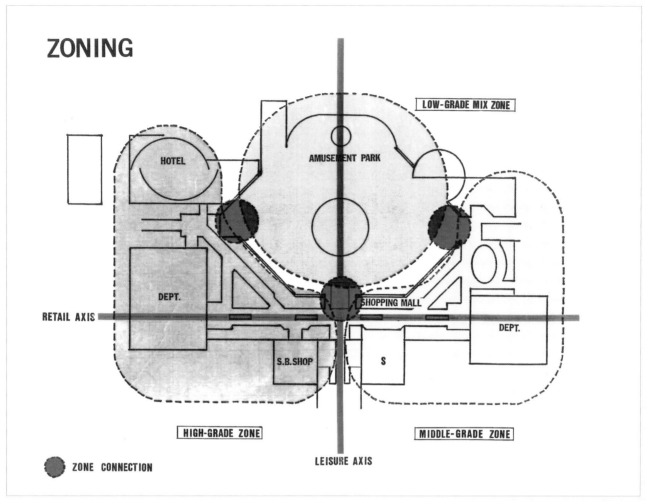

ZONING

HOTEL

AMUSEMENT PARK

LOW-GRADE MIX ZONE

RETAIL AXIS

DEPT.

SHOPPING MALL

DEPT.

S.B.SHOP

S

HIGH-GRADE ZONE

MIDDLE-GRADE ZONE

LEISURE AXIS

● ZONE CONNECTION

테마파크를 중심에 배치함으로써 백화점, 몰, 호텔 등과의
'서라운드 공간' 연출이 가능해 유니크한 복합개발을 실현할 수 있다.

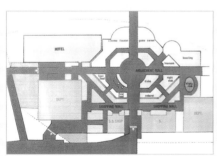

B1F PLAN

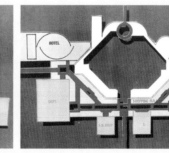

1F PLAN

2F PLAN

실내형 테마파크의 기본 구상안 중 입체적인 구성으로 신나는 분위기가 연출된 이미지를 스케치.
면적 3만 3,000㎡, 높이 60m나 되는 공간의 스케일이 입장객들의 가슴을 두근두근 설레게 한다.
놀이기구가 돌아가는 소리, 경쾌한 음악소리, 사람들의 즐거운 웃음소리가 이 넓은 공간을 가득 메우고 있는 모습을 표현.

실내형 테마파크 기본 구상안에 묘사된 내부 몰의 분위기.
노면전차가 지나다니는 활기찬 번화가 같은 느낌이다.

실내형 테마파크의 기본 구상안 중 실내공간 연출에
효과적인 천장 디자인이 묘사되어 있다.

기상조건이나 날씨, 경관을
완벽하게 컨트롤

쇼핑몰 광장에서 테마파크 내부가 보인다.
쇼핑몰과 테마파크를 모노레일이 지나며 두 공간을 연계시키는
다이내믹한 풍경을 실내공간에 구상했다.

서로 다른 업종이 한데 어우러지는
다이내믹한 세계

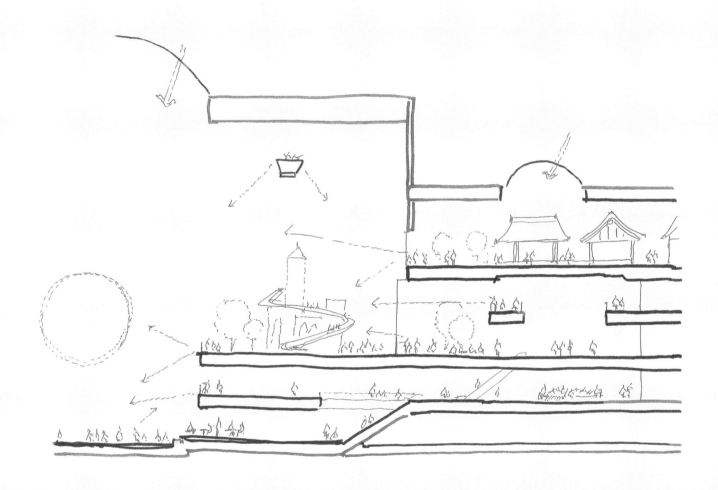

잠실 서쪽지구 개발에서 구현하려고 한 쇼핑몰, 아이스링크, 테마파크의
'서라운드 복합'을 묘사한 실내공간 수직 단면도.
어느 한 시설에 있으면서 다른 공간의 분위기도 느낄 수 있도록 배려한 점이 눈에 띈다.

바타그리아 사가 설계한
실내형 테마파크 안

계획시기 | 1985년

잠실에 조성하는 세계 최초의 실내형 테마파크 계획은 디즈니에서
독립한 리처드 바타그리아가 창업한 바타그리아 사에 의뢰했다.
이 회사의 제안에 만족한 신격호 회장은 이제 갓 설립한 소규모
설계사무소에 큰 기회를 주기로 결단을 내렸다.

실내형 테마파크는 천장과 벽면 등을 이용해 하늘을 연출하는 것이 가능하다. 그림은 환상적인 밤하늘 연출을 구상한 스케치.

외부 호수에 비친 테마파크의 야경. 물 위에 펼쳐지는 빛의 효과가 매력적이다.

바타그리아 사에서는 어트랙션과 실내공간의 다양한 연출을 묘사한 스케치도 제안했다.

잠실 서쪽지구 롯데월드 공사

착공 | 1985년, 준공 | 1989년

잠실 서쪽지구의 롯데월드 건설은 규모, 기술 모두 전례가 없는
공사의 연속이었다.

1986년 콘크리트 타설 전경

(위) 1987년 철골 공사 전경
(아래) 1987년 외벽 공사 전경

세계 최대 규모의 실내형 테마파크,
롯데월드의 탄생

1989년 7월
롯데월드 오픈 세리머니에
참석한 신격호 회장

롯데월드 매직아일랜드
개관 기념 테이프 커팅

잠실 서쪽지구의 롯데월드 전경

석촌호수의 벚꽃길(호수 중간에 있는 성은
잠실 롯데월드의 야외시설 매직아일랜드)

104

석촌호수 중간에 떠 있는 섬에 조성된 매직아일랜드와
실내 테마파크는 이동이 용이하도록 다리로 연결되어 있다
(실내 테마파크에서 내다보면 매직아일랜드가 보인다).

롯데월드의 실내형 테마파크 모습

롯데월드는 남녀노소 누구나 즐길 수 있는 테마파크를 지향한다.

롯데월드 아이스링크

실내 수영장 모습

롯데월드 민속박물관

테마파크가 호수 위에도 펼쳐지면서 호수 주변 공원으로
산책 나온 사람들에게도 환상적인 야경을 선물할 수 있게 되었다.

롯데백화점 잠실점

(위) 지하상가에 있는 트레비 분수
(가운데) 잠실 롯데호텔 월드
(아래) 잠실 롯데호텔 월드 로비의
아트리움

서울 부도심
개발 완성을 향한
또 한 걸음

3

롯데월드 성공에 이어진 새로운 도전

잠실 동쪽지구 개발에 착수하다

1989년 잠실 서쪽지구에 개장한 롯데월드 단지에는 개장 전 예상했던 방문객 수를 훨씬 뛰어넘는 인파가 몰렸다. 평일에는 약 16만 명, 휴일에는 약 40만 명이 찾았다. 이 소식은 국내외로 전해졌다. 롯데월드가 구현한 대담한 발상과 스케일에 전 세계의 이목이 집중된 것이다.

잠실 서쪽지구 개발의 성공을 확인한 신격호 회장은 틈을 두지 않고 인접한 동쪽지구 개발에 곧바로 돌입했다. 50년 앞을 내다보고 잠실지구 일대를 서울의 부도심에 걸맞은 핵심 거점으로 육성하려면 서쪽지구와 동쪽지구가 서로 쌍벽을 이루는 개발이 반드시 필요했다. 하나의 목표를 달성하자마자 그 즉시 다음 구상에 착수하는 신 회장의 선견지명과 도전정신은 정말로 남달랐다.

결국 빈터로 남아 있던 동쪽지구 매입에도 성공, 잠실 동쪽에 '롯데월드 Ⅱ'를 개발하는 계획에 시동이 걸렸다. 그리고 이는 곧 서울시 부도심 개발의 완성을 의미했다.

롯데월드 개발을 위한 토목공사가
시작되었을 무렵의 잠실 동쪽지구 모습

1989년 세계 최초의 실내형 테마파크를 품은 롯데월드가 잠실 서쪽지구에
문을 열었을 때 송파대로를 끼고 맞은편에 위치한 동쪽지구는 쇼핑몰을
중심으로 한 타사의 복합개발 계획이 무산되었는지 계속 공터로 남아 있었다.
신격호 회장은 이곳을 매입해 서쪽지구와 쌍벽을 이루는 롯데월드를
개발하겠다는 구상을 발표했다.

더 크고 웅대해진 꿈, '슈퍼타워'

잠실 동쪽지구 개발의 기본구상

신격호 회장이 잠실 동쪽지구 개발에 요청한 핵심시설은 3가지였다. 제2테마파크, 테마 몰, 슈퍼타워가 그것이다.

이들 중 제2테마파크는 서쪽지구에 오픈한 제1테마파크와 함께 대규모 트윈파크의 완성을 위해서 반드시 필요했다. 테마 몰은 롯데만의 독창성이 강조된 몰(mall)을 목표로 했다. 그리고 슈퍼타워는 대한민국을 상징하는 랜드마크(land mark)로 삼기 위한 것이었음은 두말할 나위가 없다.

이 외에도 24시간 활력이 느껴지는 거리 조성을 위해 오피스와 아파트, 그리고 제2백화점을 세우는 것을 핵심과제로 삼았다. 또한 부도심으로 개방된 거리 조성을 위한 오픈 몰 구상도 있었다.

이 모든 조건에 대해 사업성과 운영 면에서의 과제를 어떻게 해결할 것인가가 오쿠노팀에 주어진 미션이었다.

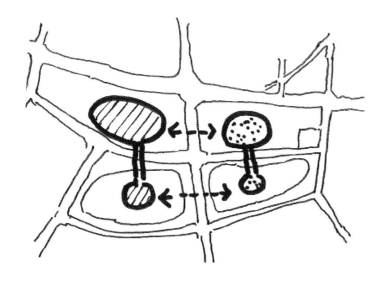

동쪽지구에 제2테마파크가 완성되면 서쪽지구에 있는 롯데월드와 지상, 지하는 물론이거니와 호수 위로도 왕래가 가능해 트윈파크로서의 시너지 효과를 기대할 수 있었다.

조닝ZONING과 동선 구상

3개 지구를 연결하는 동선 네트워크

동쪽지구 개발과정에서는 동선을 네트워크화하는 계획도 마련됐다. 동선의 핵심이 되는 것은 지하철 2호선 잠실역이었다. 여기서 말하는 동선 네트워크란 잠실역 개찰구 앞 지하광장을 중심으로 이미 가동 중인 서쪽지구와 이제부터 개발을 시작하는 동쪽지구, 그리고 동쪽지구와 올림픽로를 끼고 있는 북쪽지구의 동선을 연결해 3개 지구를 상호 연계시키는 것을 의미한다. 동선 네트워크 구축에 있어 동쪽지구 계획에는 다음 4가지가 고려됐다.

① 올림픽로 방향으로 가장 기본이 되는 시설인 제2백화점, 쇼핑몰, 마트를 배치하고

    지하철 8호선 잠실역과도 연결되도록 한다.

② 슈퍼타워는 법규상 계획한 높이로 건설할 수 있는 위치에 배치한다.

③ 제2테마파크는 쇼핑몰과 맞닿은 위치에 배치한다.

④ 남쪽의 석촌호수 공원으로 접근하는 동선을 확보한다.

1989년 개장한 서쪽지구와
제2롯데월드가 계획된
동쪽지구, 그리고 동쪽지구와
올림픽로를 사이에 두고
마주한 북쪽지구, 지하철역
두 곳, 석촌호수를 잇는
동선 네트워크와 주요 시설의
조닝을 표시한 구상도.

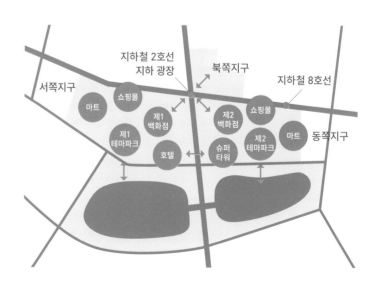

제2테마파크 구상 '더 멋지게, 더 신나게'

성공 열쇠는 공간 확보와 테마 설정

일반적으로 테마파크 사업은 3~5년 주기로 새로운 어트랙션(attraction)을 개발해 집객력을 유지한다. 교외형 테마파크라면 부지 한쪽에 증축하거나 부지를 확장하는 것이 가장 손쉽게 해결할 수 있는 방법이다. 이런 점에서 도심의 실내형 테마파크는 새로운 어트랙션을 어떻게 늘리고 교체할 것인가가 최대 과제였다.

우선 한 가지 방법은 쇼 어트랙션의 강화다. 쇼 콘텐츠에 변화를 주게 되면 시설을 증축할 필요 없이 새로운 어트랙션을 제공할 수 있게 된다. 또 다른 방안으로는 제2테마파크를 신설해 기존 테마파크와 나란히 두는 것이다. 디즈니랜드나 유니버설 스튜디오도 제2테마파크를 설립, 신규 고객과 재방문 고객 유지에 힘쓰고 있다.

신격호 회장도 미국 시찰 때 테마가 서로 다른 파크를 복합 운영하는 '테마파크 콤플렉스'를 디즈니랜드나 유니버설 스튜디오에서 견학한 후 그 실효성에 많은 기대와 관심을 보였다.

상상력 자극하는 '바다'를 핵심 테마로

동쪽지구에 제2테마파크를 개발할 경우 무엇보다 중요한 것은 공간 확보와 테마 설정이었다.

제2테마파크도 서쪽지구의 제1테마파크와 마찬가지로 '실내형'으로 만드는 것에는 이견이 없었다. 하지만 동쪽지구의 부지면적은 서쪽지구의 약 60%에 지나지 않았다. 확보 가능한 실내면적은 1만 9,800m²뿐이었다. 공간을 입체적으로 구성한다고 해도 총바닥면적이 3만 9,600m²로 제1테마파크의 절반 정도밖에 안 됐다. 그래서 제한된 공간 내에서도 사람의 상상력을 부풀어 오르게 하는 '바다'를 테마로 하는 것에 대해 검토하기 시작했다.

테마파크의 테마를 설정하는 데 있어 가장 중요한 요소는 대중성이다. '바다'는 어린 아이부터 노인까지 누구나 좋아하고 즐길 수 있는 데다 풍부한 상상력까지 자극하기 때문에 테마파크로 전개하기에 충분하다. 뿐만 아니라 쇼 어트랙션으로 연출하기도 쉽다. 범고래나 돌고래가 주인공인 다이내믹한 쇼를 비롯해 귀여운 펭귄이나 바다사자의 애교를 볼 수 있는 쇼는 가족 누구나 즐길 수 있는 어트랙션이다. '바다'를 테마로 한 테마파크 계획은 2년에 걸쳐 검토에 검토를 거듭했다.

　이외에도 공간을 5, 6층으로 입체적으로 활용하는 방안, 서쪽지구의 제1테마파크를 '페어런츠 파크(parents park)'라고 부르고, 동쪽지구에는 이를 보완하는 '칠드런 파크(children park)'를 만들어 양쪽을 트램으로 자유롭게 왕래할 수 있도록 하는 구상안도 있었다.

　어떤 안이든 실현되었다면 잠실은 지금과는 또 다른 분위기의 부도심이 되었을 것이다. 또 이렇게 해서 확립된 테마파크 개발기법은 훗날 롯데월드의 글로벌 사업 전개에 강점으로 작용했다.

1993년 2월 1일자 《한국경제신문》
잠실 동쪽지구 롯데월드에 '바다'를 테마로 한 테마파크를
구상 중임을 밝힌 신격호 회장의 인터뷰 기사.

개발 방향, 제2테마파크에서 테마 몰로 전환

변치 않은 기본 콘셉트

잠실 동쪽지구의 제2테마파크 개발은 부지면적 등 여러 조건이 정리되지 않아 결국 단념하게 됐다. 하지만 신격호 회장이 가장 중요시 한 롯데월드의 기본 콘셉트, 즉 '가족이 함께 즐길 수 있는 거리 조성'에는 전혀 변함이 없었다. 그 실현을 '테마 몰'이라는 상업형태를 통해 이루는 것으로 방향이 전환됐다.

테마 몰은 테마성을 지닌 놀이나 체험요소를 부가가치로 하는 쇼핑공간이다. 고유의 테마성이나 디자인적 요소를 강화하면 독창성을 충분히 살릴 수 있다.

참고가 되는 실제 사례도 있었다. 미국에서는 테마파크 내부 또는 주변에 테마 몰을 조성해 운영한다. 유니버설 스튜디오의 '시티워크'나 디즈니랜드의 '디즈니랜드 다운타운'이 여기에 해당한다. 이 두 곳 모두 테마파크와는 또 다른 분위기의 활기를 느낄 수 있는 곳이다. 특히 야간에는 테마 몰 특유의 쾌활하고 활기찬 분위기 속에서 어른들이 즐길 수 있는 환경과 시간을 방문객들에게 제공하고 있다.

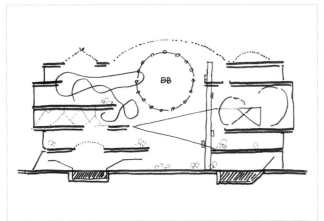

부지 면적이 서쪽지구의 60%에 불과한 동쪽지구에 테마파크를 입체적으로 조성하는 것을 가정한 단면도.
이 경우 테마파크 이동에 있어 이용객의 수직 이동을 피할 수 없다는 치명적 단점이 과제였다.

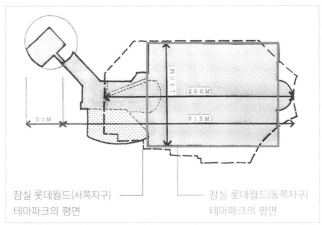

잠실 롯데월드(서쪽지구)
테마파크의 평면

잠실 롯데월드(동쪽지구)
테마파크의 평면

잠실 롯데월드 서쪽지구와
동쪽지구의 평면 비교

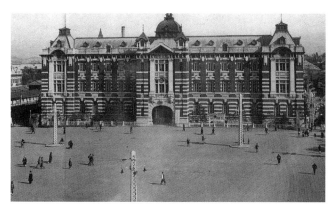

1920년대 한국의 서양식 건축물들을 모티프의 중심으로 해서 몰의 외관을 디자인했다.
이는 롯데 담당자의 제안에 따른 것으로 신 회장도 이 아이디어에 관심을 보였다.
서울 시민에게도 호감을 줄 것으로 기대된 디자인이다. 왼쪽은 서울우체국, 오른쪽은 부산역.

유사한 경우는 쇼핑몰 업계에서도 찾아볼 수 있다. 미국 샌디에이고의 '호튼 플라자'는 산뜻한 디자인으로 테마성을 강조해 인기몰이를 하고 있으며, 라스베이거스의 테마 몰은 참신한 아이디어로 경쟁을 벌이고 있다.

옥상에 재현한 서울의 옛 모습

신 회장도 테마 몰에 큰 관심을 갖고 미국의 디즈니랜드나 유니버설 스튜디오의 테마 몰, 라스베이거스의 테마 몰 등을 시찰하러 다녔다.

신 회장은 소공동 개발 때부터 일관되게 '가족이 함께 하루를 즐겁게 보낼 수 있는 시설을 만들고 싶다'는 소망을 갖고 있었다. 잠실 동쪽지구 개발에서도 그 염원은 변함이 없었다. 오쿠노팀도 테마 몰 개발을 강력히 추천했다. 그리고 역사적 맥락에서 비롯된 테마나 미래 우주를 테마로 한 복수의 테마 몰 안을 제시했다.

이렇게 해서 몰 최상층에 1910~1970년대의 서울을 테마로 한 몰이 재현됐다. 롯데는 이런 과정을 거쳐 테마 몰 개발기법을 확립해 이후 중국을 비롯한 해외에서 롯데월드를 개발할 때 적극 활용했다.

슈퍼타워에 건 3가지 기대

서울의 랜드마크를 만들어라

'슈퍼타워' 건설은 잠실 동쪽지구 개발에서 중요한 과제였다. 거기에는 크게 3가지 기대가 걸려 있었다.

첫 번째 기대는 서울시를 상징하기에 전혀 손색이 없는 랜드마크가 되는 것이었다. 뉴욕의 엠파이어스테이트 빌딩, 파리의 에펠탑 등은 지어진 지 100여 년이 지난 지금도 그 존재감을 뽐내며 많은 시민들뿐 아니라 관광객들로부터 꾸준히 사랑받는다. 잠실의 슈퍼타워도 이처럼 오래도록 매력이 유지되는 타워로 만들고 싶다는 것이 신격호 회장의 바람이었다.

두 번째 기대는 롯데그룹의 심벌 이미지로서의 역할이었다. 다각화된 사업의 연계, 이념 공유 등이 필요할 때 그룹 내 계열사나 종업원들의 의식을 통합하는 상징으로 활용될 수 있기를 바랐다.

세 번째는 잠실 롯데월드의 랜드마크가 돼 서울시를 대표하는 관광자원 중 하나로 자리매김하는 것이었다. 강력한 집객장치로서의 역할을 완수해 국내외 관광객들이 찾는 대표적 명소가 되기를 바란 것이다.

이 3가지 기대에 부응하기 위해 신 회장은 슈퍼타워의 높이와 디자인에 강하게 집착했다. 신 회장이 얼마나 슈퍼타워의 높이와 디자인에 집착했는지는 임승남 전 롯데건설 사장의 증언에서도 여실히 드러난다. 임 전 사장은 88서울올림픽과 롯데월드의 인연도 있고 하니, 타워 층수를 88층으로 하면 어떻겠냐고 건의했다고 한다. 건물이 초고층으로 올라가면 갈수록 공사비는 천정부지로 치솟고, 기초부터 기둥, 보의 프레임까지 자재도 상당한 강도가 필요할 뿐만 아니라 특수 시공기술을 적용해야 했기 때문이다.

이렇게 건의를 하자 신격호 회장의 불호령이 떨어졌다.

"무조건 100층 이상이어야 한다!"

내부 회의를 거치면서 층수가 점점 올라가더니 124층까지 얘기가 나왔다고 임 전 롯데건설 사장은 회고했다. 실제 완성된 롯데월드타워는 지상 123층에 555m이다. 신 회장의 바

뉴욕 엠파이어스테이트 빌딩   파리 에펠탑

위 같은 신념이 없었다면 지금의 롯데월드타워는 탄생하지 못했을 것이라는 게 롯데 안팎의 분석이다.

30년 신념의 결과물, 슈퍼타워

타워의 높이는 한국 최고는 물론, 세계적으로도 열 손가락 안에 들어야 한다고 신격호 회장은 생각하고 있었다. 그런데 최초 사례이다 보니 중앙정부, 지방정부 등 관계기관의 인허가 과정에서 적지 않은 난관이 있었다.

오쿠노팀은 높이를 낮춘 타워를 2개 짓는 방안을 제안했지만 신 회장은 뜻을 굽히지 않았다. "슈퍼타워는 동쪽 롯데월드에 반드시 필요한 건물로 꼭 실현시켜야 한다"는 것이었다. 바위처럼 굳건한 그의 의지에 떠밀려 정부, 서울시와 끈질기게 협상하길 약 30년이 걸렸다. 수많은 우여곡절을 겪은 끝에 건축허가가 났다. 이때까지의 과정을 드라마로 재현한다면 대하드라마 한 편은 족히 될 것이다.

주변 사람 모두가 포기한 난제마저도 강인한 신념으로 극복할 수 있다는 사실을 신 회장은 보란 듯이 롯데 맨들에게 보여 줬다. 이런 의미에서 슈퍼타워는 서울시의 랜드마크이자 신 회장의 임전무퇴(臨戰無退)의 경영정신을 보여 주는 상징이라고 할 수 있다.

심사숙고한 슈퍼타워 디자인

25년 넘게 이어진 디자인 검토

슈퍼타워의 월등한 외관은 주변 건물을 압도하기에 충분하다. 따라서 다양한 업태가 모인 롯데월드를 하나로 아우르는 상징적인 이미지를 디자인에 반영해야 했다. 완성되면 잠실지구의 랜드마크로서 롯데월드 서쪽지구와 동쪽지구를 통합하는 상징이 될 수 있다. 이런 슈퍼타워의 존재감을 알고 있었던 신격호 회장은 국내외 유명 설계회사 12곳으로부터 디자인을 제안받았다.

원래부터 건물 디자인에 대해서만큼은 누구보다 깐깐하게 체크하며 시간을 들여 결정하는 그였다. 슈퍼타워 디자인에 대해서는 여느 때보다 훨씬 더 심사숙고를 거듭해 25년 넘게 검토가 이어졌다.

제안된 디자인 안은 하나같이 미래지향적 이미지를 표현했다. 그중 미래지향적이면서 역사성도 느껴지고 지역성까지 고려한 두 가지 안으로 압축됐다. 마지막에는 당시 부회장이었던 신동빈 롯데그룹 회장의 의견도 반영돼 KPF사의 디자인으로 결정됐다. 현재 잠실에 완성된 롯데월드타워의 모습을 올려다보면 그 선택이 빛나가지 않았음을 확신하게 된다.

에펠탑 같은
슈퍼타워

"에펠탑 같은 슈퍼타워를 지을 수 없을까?"

잠실 동쪽지구 개발회의에서 신격호 회장이 던진 질문이다.

파리 에펠탑은 1889년에 완성됐다. 프랑스 혁명 100주년을 기념해 개최된 파리 만국박람회의 주요 건축물로 지어진 타워다. 사람이 장시간 그곳에서 지낼 수 있도록 지어진 건물이 아니다. 반면 '롯데월드 슈퍼타워'에는 주거공간(고급 아파트)과 오피스가 포함돼 있다. 에펠탑 모양은 생활공간으로는 적합하지 않다.

물론 신 회장도 이 점을 잘 알고 있었다. 그는 '에펠탑 같은'이란 표현을 통해 오랫동안 거리의 상징으로 꾸준히 사랑받는 디자인을 요청한 것이다. 에펠탑은 건립 130년이 지났는데도 여전히 그 아름다움을 인정받으며 파리의 상징으로 우뚝 서 있기 때문이다.

에펠탑도 처음에 공표된 계획안은 파리 시민들로부터 "엉뚱하다", "파리에 어울리지 않는다"는 혹평을 들었다. 건설에 반대하는 서명운동까지 일어났다고 기록돼 있다. 하지만 지금은 어떤가? 건설 당시의 모습을 그대로 간직한 채 파리의 상징으로 사랑받고 있다. 탑을 설계한 에펠의 선견지명이 놀라울 따름이다.

에펠탑의 아름다움에 대해 이야기할 때 곡선과 날카로운 형태는 빼놓을 수 없는 필수 요소다. 만약 슈퍼타워에 이것을 재현하게 되면 강풍이 불 때 상부 요동 폭이 10m가 넘을 것으로 예측됐다. 뿐만 아니라 건설, 유지와 관련된 다양한 과제가 따라 나왔다. 그래서 나는 에펠탑에서 모방해야 할 것은 그 형태가 아니라 에펠의 선견지명이며 '22세기의 에펠탑'을 테마로 국제 공모를 하는 것이 좋겠다고 생각했다.

그런데 공모를 거치지 않고 미국의 설계사무소가 에펠탑을 본뜬 디자인 안을 제안했다. 그 자료가 매스컴으로 흘러들어 가면서 "에펠탑을 왜 한국에 만들려는 것인가"라는 비난이 거세게 일었다. 표면적인 형태만 공론화되는 바람에 신 회장이 의도한 깊은 뜻을 펼쳐 보지도 못한 채 끝나고 만 것이다.

신 회장이 슈퍼타워 계획을 설명하기 위해
여러 기관에 보여 준 구상도

슈퍼타워는 하나의 입체도시

최첨단 복합개발, 수직 동선 컨트롤 중시

높이 555m, 연면적 33만㎡의 슈퍼타워에는 다양한 업태가 입체적으로 복합돼 있다. 주요 업태는 오피스, 주거공간, 호텔, 전망대, 아트 뮤지엄이다. 그 밖에 각종 서비스 시설이나 프라이빗(private) 레스토랑도 입체적으로 구성돼 있다. 근무자가 약 1만 5천 명, 하루 방문객이 약 2만 5천 명에 달한다. 새로운 삶의 터전으로 다양한 사람들이 생활하며 왕래하는 '입체도시'라고 해도 과언이 아니다.

이런 건물에서 가장 중요한 것은 수직 동선에 대한 컨트롤이다. 그래서 엘리베이터 61개, 에스컬레이터 19개를 가동시켜 단시간에 쾌적하게 이동할 수 있도록 설계돼 있다.

외부에서 들어와 엘리베이터를 탈 수 있는 층은 지상 1, 2층과 지하 1층, 이렇게 총 3개 층으로 구성해서 혼잡을 피할 수 있도록 했다. 또 초고속 엘리베이터와 더블 데크 엘리베이터로 가동효율을 높인 시스템을 도입한 것도 특기할 만하다. 타워 전체를 아우르는 스마트화는 당연히 적용되었으며, 최신 기술을 활용해 지구환경에 대한 배려도 잊지 않았다.

이 입체도시에서 생활하는 사람들에게 주어진 조망이 각별하리라는 것은 두말할 필요가 없다. 서울시를 가로지르는 한강과 강남 시가지 풍경, 북서쪽 방향으로 보이는 남산서울타워, 잠실의 호수 두 곳과 주변 산세 등이 어우러진 풍경이 시간과 함께 변화하는 모습은 그 무엇과도 바꿀 수 없는 이곳만의 매력이다.

롯데월드의 완성체, 위용 드러내다

도쿄 신주쿠를 능가하는 '24시간 도시' 탄생

2017년 4월, 30여 년에 걸친 동쪽지구 개발사업이 드디어 완성됐다. 신격호 회장의 염원이었던 서쪽지구와 동쪽지구가 합쳐진 롯데월드의 완성체가 그 위용을 드러낸 것이다. 서쪽지구 개발이 시작된 것은 1985년이었다. 이후로 수많은 역경을 극복하며 한 걸음, 한 걸음씩 멈추지 않고 꾸준히 앞을 향해 나아간 결과, 서울의 부도심으로, 또 세계에 자랑할 수 있는 멋진 도시로 탈바꿈했다.

4월 3일 열린 오프닝 행사에서는 슈퍼타워를 활용한 웅장한 스케일의 불꽃 쇼가 펼쳐졌다. 서울시의 새로운 심벌이 화려한 빛의 향연에 감싸여 감격적인 모습을 드러냈다. 한국의 심장인 수도 서울을 상징하기에 모자람이 없는 건물을 세우고야 말겠다는 신 회장의 간절한 염원이 드디어 실현된 것이다. 초지일관 목표를 향해 자신의 모든 것을 불사른 신격호 회장은 '롯데월드타워'라는 기념비적 랜드마크를 이 땅에 남겼다.

잠실 롯데월드 전체 단지를 조망하며 새삼 느끼는 것은 아침부터 늦은 밤까지 수많은 사람들로 북적이는 24시간 도시가 탄생했다는 점이다. 이것은 엄청난 성과라고 할 수 있다. 젊은 날 신 회장은 "(도쿄의) 신주쿠보다 뛰어난 거리를 만들고 싶다"고 혼잣말로 중얼거린 적이 있다. 이 말을 직접 들은 나는 신 회장이 오랜 세월 품어 온 소망이 이뤄진 24시간 도시의 탄생을, 주변 사람과는 또 다른 감회를 느끼며 지켜보았다. 역시 잠실에 탄생한 24시간 도시는 신주쿠보다 훨씬 세련됐다.

슈퍼타워인 롯데월드타워에는 오피스, 주거공간, 호텔 등이 입체적으로 들어섰다. 이 밖에 동쪽지구에는 콘서트홀과 수족관, 아트 뮤지엄, 시네마 콤플렉스 같은 문화시설이 들어서 다양한 사람들을 끌어 모으고 있다. 이 시설들이 이미 가동 중인 서쪽지구의 테마파크, 민속촌, 뮤지컬 극장과 복합됨으로써 문화적 향기가 그윽하고 다양한 기능을 가진 부도심이 탄생됐다.

잠실과 연결되는 교통 편의성은 더 이상 나무랄 데가 없다. 개발 전부터 간선도로와 지

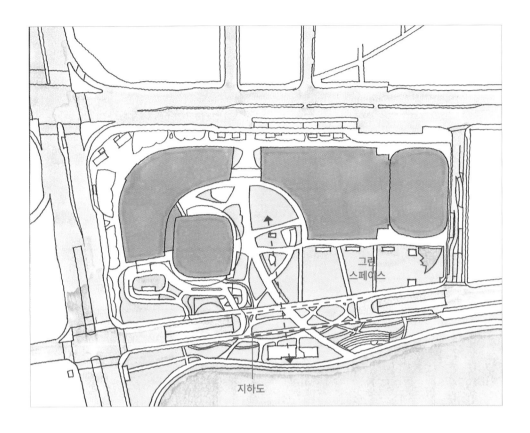

지하에 자동차 전용도로를 만들어 동쪽지구의 그린 스페이스와
석촌호수 주변 공원이 하나로 이어질 수 있게 했다.

하철을 각각 두 개씩 이용할 수 있었다. 또한 송파대로 지하에는 버스터미널도 계획돼 있다. 이렇게까지 도시 기능이 완벽히 갖춰진 상태에서 금상첨화 격으로 드넓은 녹지공간까지 확보했다.

'자연환경'과 '도시개발'의 조화

동서 양쪽 지구의 남쪽으로는 중앙에 호수를 품은 공원이 두 개 나란히 붙어 있다. 그 규모는 약 29만m²나 된다. 도심 개발지가 이처럼 녹지와 물이 가득 찬 오픈 스페이스와 인접해 있는 사례는 세계적으로도 매우 드물다.

다만 서쪽지구 개발에서는 남쪽에 인접한 호수와 테마파크를 연결시키는 것에 그쳐야 했다. 몰(mall)을 방문한 사람이 호수 쪽으로 원활하게 왕래하는 것은 불가능했다. 반면 동쪽지구는 롯데월드타워 주변이 약 2만 1천m²의 오픈 스페이스로 돼 있어서 남쪽으로 공원과 이어지는 녹지공간이 시원하게 펼쳐져 있다.

햇볕이 잘 드는 방향으로, 걸어서 자유롭게 오갈 수 있도록 공간을 마련한 것은 향후 도시개발에 있어 빼놓을 수 없는 핵심 요소다. 이곳을 확보하기 위해 도시의 주요 인프라인 자동차 도로를 지하로 옮긴 것은 동쪽지구 개발의 크나큰 성과 중 하나로 꼽을 수 있다.

롯데월드를 방문한 사람이 남쪽 공원까지 걸어서 자유롭게 오갈 수 있는, 서쪽지구에서는 이루지 못했던 동선(動線)이 동쪽지구에서는 마침내 실현됐다. 이로써 롯데월드는 말 그대로 시민에게 개방된 복합시설이 됐다.

남쪽에 인접한 두 개의 호수는 이 지구를 조성할 때 저수지로 만들어진 곳이다. 조성이 마무리된 지금, 도시개발을 추진하는 데 있어서는 불필요한 장소라고 이야기하는 사람도 있었다. 하지만 잠실 롯데월드는 이 광대한 오픈 스페이스를 다른 개발지에는 없는 매력으로 변신시켰다. 롯데의 잠실 개발사업은 향후 그 중요성이 더욱 부각될, 자연환경과 도시개발이 조화를 이룬 하나의 모델을 구축했다는 점에서도 충분한 가치를 지녔다.

롯데월드타워 주변, 석촌호수와 맞닿아 있는
그린 스페이스는 시민들에게 개방되었다.
서울시민은 이 공간을 활용해 다양한 행사를 즐길 수 있다.

대규모 사업의 추진력이 된 신격호 회장의 '로망'

소공동 프로젝트나 잠실 롯데월드 프로젝트 같은 대형 프로젝트는 수많은 어려움을 오랫동안 수없이 극복하며 추진해야 하는 장대한 사업이다. 기획, 설계부터 공사까지 수많은 사람이 참여하며 각 분야에서 상상을 초월한 노력을 해야 한다. 그런데도 완성을 목표로 필사적으로 애쓰는 여러 분야 관계자들의 모습을 보고 있으면 "무엇이 이들을 이렇게 만드는 것일까?"라는 의문이 들곤 했다. 그런데 이제와 돌이켜 보니 신 회장이 끊임없이 추구했던 '로망'이 그들을 움직인 추진력이 된 것은 아닐까 하는 생각이 든다.

롯데그룹 전체에 깊이 스며든 신 회장의 로망이 프로젝트에 참여하는 외부 관계자들에게도 전해지면서, 이를 반드시 이루고야 말겠다는 강력한 의지를 지닌 사람들로 구성된 거대집단이 완성된 것은 아닐까?

신 회장은 단순히 이익만을 추구하는 리더가 아니었다. "시민에게 개방된, 가족이 함께 하루를 즐겁게 보낼 수 있는 공간을 만들고 싶다", "고향을 위해 보탬이 되고 싶다"고 항상 되뇌었다. 신 회장의 이 바람 하나하나에는 공공을 위해 이바지하겠다는 신념이 담겨 있었다. 그가 이끄는 개발 프로젝트에 참여하는 사람들은 그 신념에 공감하게 되고 프로젝트에 함께 참여하게 된 것을 긍지로 여기며 결속을 다진다.

해저터널이나 댐 등을 건설하는 토목공사 역시 마찬가지다. 바다나 지형 때문에 자유롭게 왕래하지 못한 사람들을 서로 이어 준다. 치수나 관개, 발전 등 많은 사람에게 고루 혜택이 미치는 대규모 사업에 참여하게 된 것을 자랑으로 여기는 집단일수록 사력을 다하게 된다. 거기에 사리사욕은 없다.

복합개발의 선구자 격인 소공동 지구나 잠실 롯데월드는 신 회장 특유의 선견지명을 바탕으로 기획한 거리 조성의 로망이 구체적으로 구현된 모습이다. 그리고 그 로망에 자석처럼 이끌려 모인 각 분야의 전문가들이 힘을 합해 이룩해 낸 성과라고 할 수 있다.

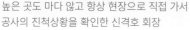
높은 곳도 마다 않고 항상 현장으로 직접 가서
공사의 진척상황을 확인한 신격호 회장

잠실 동쪽지구 공사현장

허무맹랑한
아이디어에
힌트 있다

타워 개수는
한 개
또는 두 개?

"비용 걱정은 하지 않아도 된다. 더 좋은 아이디어가 있으면 제안해 달라!"

회의석상에서 어떤 계획안에 대해 "사업성이 좋지 않으니 단념하시는 것이 좋을 것 같다"고 발언한 나에게 신격호 회장이 한 말이다.

계획안을 실현하기 위해서는 물론 자금이 필요하다. 하지만 개발자금이나 예상매출 등 돈과 관련된 문제에 지나치게 신경 쓰다 보면 과감한 발상을 하지 못하게 된다. 그러나 항상 '세계 최초', '세계 최고'를 강조한 신 회장이었기에 이처럼 움츠러든 현실적 발상에는 흥미를 보이지 않았다.

획기적인 아이디어는 상식선에서 절대 나오지 않는다. 오히려 주변에서 '허무맹랑하다', '무모하다'고 여기는 아이디어 속에 세계를 깜짝 놀라게 하는 사업의 힌트가 숨어 있음을 그는 체험을 통해 알고 있었던 것이다.

동일한 건축 바닥면적이라면 100층 이상의 슈퍼타워보다 40~50층의 타워를 두 개 짓는 트윈타워가 여러 면에서 효율이 더 뛰어나고 경제적이라고 평가된다.

슈퍼타워의 경우 엘리베이터 수나 설비를 위한 공간이 늘어나 바닥면적의 효율이 떨어진다. 또 공사비가 비싸다. 100층 이상의 건물은 기초부터 기둥, 보의 프레임까지 상당한 강도가 필요해서 특수 시공기술을 적용해야 한다. 때문에 시공기간이 장기화되면서 공사비가 올라간다. 뿐만 아니라 플랜과 디자인에 따라서는 공사에 소요되는 비용이 훨씬 더 커진다.

그럼에도 불구하고 전 세계에서 왜 슈퍼타워 건설이 계속 이어지는 것일까? 그 이유 중 하나는 '슈퍼'라고 부르기에 걸맞은 위용과 그 도시에서 최고라는 긍지가 숫자만으로는 표현할 수 없는 가치를 낳는다고 인식되기 때문일 것이다.

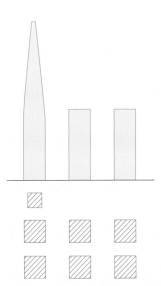

신 회장은 50층짜리 건물을 두 개 지어서
경제성이나 효율성을 얻기보다는
100층짜리로 '최고'가 되기를 바랐다.

"OK"는 해도 "GO"는 하지 않는다

한 프로젝트의 프레젠테이션 석상에서 있었던 에피소드를 지금도 뚜렷하게 기억한다. 오쿠노팀이 약 반년 가까이 투자해 계획안을 마무리한 후 투시도와 모형까지 모두 만들어 신 회장에게 보고했다. 상당히 자신 있는 제안이었다. 평소에는 좀처럼 "OK" 사인을 내지 않는 신 회장인데도 "매우 훌륭한 안이다"라며 만족스러워했다.

3시간에 걸친 회의가 끝나고 그간의 노고가 헛되지 않았음에 내심 흡족해 한 것도 잠시, 신 회장이 던진 한마디에 나는 말문이 막히고 말았다.

"다른 안도 보고 싶은데 하나 더 만들어 주세요."

계획단계에 많은 시간을 투자하는 주도면밀한 준비는 신 회장의 신념이라고 할 수 있다. 시간과 비용이 얼마나 들었는지는 묻지 않는다. 스스로 '이것이 최선이다', '이것밖에 없다'고 납득할 때까지는 잘 만들어진 안에 대해 "OK" 사인을 낼지언정 프로젝트에 "GO" 사인은 하지 않았다. 이처럼 빈틈없이 완벽한 그의 자세에 그저 고개가 숙여질 따름이다.

신격호 회장에게 보고 중인 필자(1995년 무렵)

제2테마파크로 어필할 수 있는 테마 설정 ①
'바다'를 테마로 한 테마파크 구상
계획시기 | 1989~1990년

잠실 동쪽지구에 계획하는 테마파크는 제한된 공간을 최대한 효율적으로 활용해 인간의 상상력을 자극할 만한 테마 구상이 필요했다. 브레인스토밍을 통해 '바다'와 '인류사'로 설정 테마를 압축하고 구상을 구체화했다.

구상 스케치 : 수중 레스토랑

구상 스케치 : 수상 미래도시

구상 스케치 : 범고래 쇼

구상 스케치 : 수상 미래도시

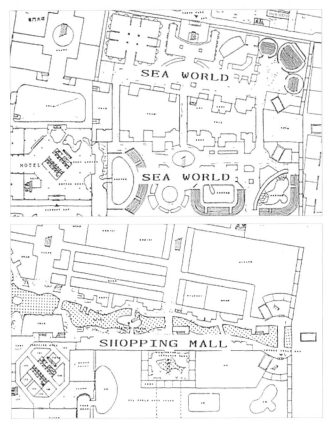

'바다'를 테마로 한 1층 테마파크와 지하 1층의 테마 몰(쇼핑몰)의 평면도.
가운데 부분을 아트리움 형식으로 해서 수직적으로 공간이 이어지도록 해
시각적으로 공간이 거대하게 느껴지도록 했다.

전체 모형. 잠실지구의 랜드마크가 되는 슈퍼타워와 조형물인
구체(球體)를 설치했다. 이 두 시설물을 연결하는 테마파크와
테마 몰을 계획안의 골격으로 구상했음을 알 수 있다.

138

구상 스케치 : 테마파크와 테마 몰은 '바다'를 테마로 한 실내형이다. 실내에 각각의 공간을
조성한 후 보이드(void)공간(뚫려 있는 공간)을 통해 시각적으로 하나가 되는 공간을 연출했다.
천장에는 천창을 설치해 자연광이 충분히 들어올 수 있도록 계획했다.

'바다'를 테마로 한 실내형 테마파크 구상안

이 구상안에서는 슈퍼타워 형태를 앞의 구상안과는
다른 디자인으로 제안했다.

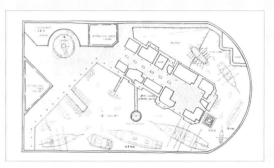

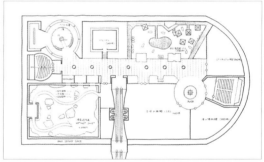

'바다'를 테마로 한 테마파크 지하 1층(아래)과 1층 평면도

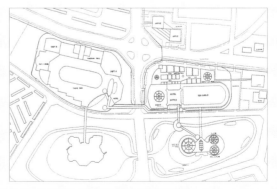

구상안의 평면도. 남쪽 석촌호수에 서쪽지구와
동일하게 인공 섬을 조성했다. 또 서쪽지구와 동쪽지구를
연결하기 위해 송파대로를 지나는 육교 등도 계획했다.

제2테마파크로 어필할 수 있는 테마 설정 ②

'바다'를 테마로 한
테마파크 구상(BATTAGLIA INC.)

계획시기 | 1995년

잠실 롯데월드(서쪽지구) 테마파크를 계획한 바타그리아 사가 제안한 롯데월드 2 제안서. 'SEVEN SEAS'(일곱 개의 바다)라는 타이틀이 달려 있다. 이는 전 세계의 바다를 의미한다.
전 세계 바다 이야기를 롯데월드 테마파크에서 체험할 수 있다는 점을 어필한 제안이었다.

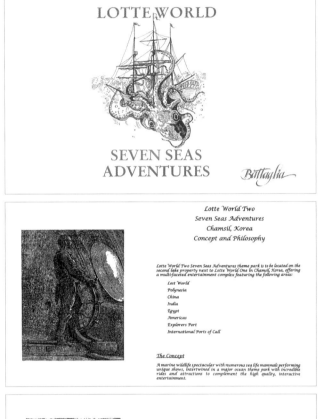

바타그리아 사가 제안한
테마파크 평면도

여러 개의 폭포가 인상적인 바타그리아 사의
테마파크 스케치

Battaglia

AQUAE

바타그리아 사가 제안한 주요 어트랙션 스케치
필자 등의 제안은 '바다'를 느낄 수 있는 공간 제공을 통해
이용객들의 상상력을 자극하는 것을 구상의 주요
포인트로 삼은 데 반해, 테마파크 계획사인 바타그리아 사의
제안은 해양생물과 바다, 인간과의 관계성에 중점을 두고
이용객들에게 엔터테인먼트를 제공한다는 매력적인 내용이었다.

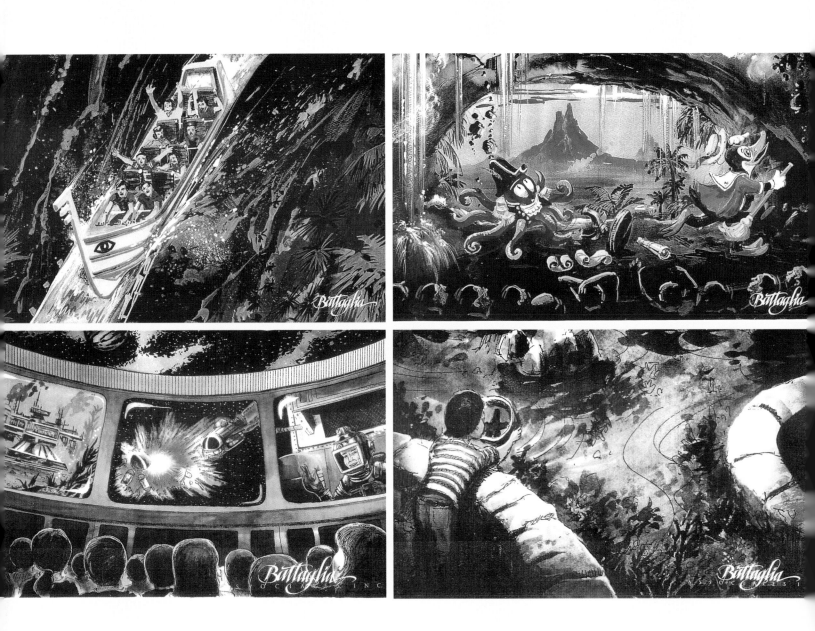

'인류사'를 테마로 한 테마파크 구상

잠실 롯데월드(동쪽지구) 테마 설정에 관한 두 번째 안 스케치.
인류의 탄생부터 현대를 거쳐 미래까지, 인류의 역사와 삶에
포커스를 맞춰 이를 즐기면서 배울 수 있는 공간을 가정했다.

'인류사'를 테마로 한 테마파크 중심의 전체 모형.
슈퍼타워도 미래지향적인 형태를 띠고 있다.

테마 몰 구상 ①
'우주'를 테마로 한 입체적인 몰

계획시기 | 1990년

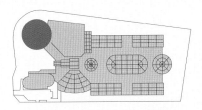

구체 테마 몰의 위치를 표시한 배치도

미국 올랜도에 위치한 디즈니 리조트 앱콧(EPCOT)에는 지름 50m의 구체(球體)가 있는데, 강렬한 느낌의 외관을 비롯해 구체 내부에 어트랙션이 설치되어 있다는 점에서 신격호 회장이 관심을 보였다. 구체라면 잠실 동쪽지구 개발을 상징하는 건축물로 전혀 손색이 없는 데다 걸림돌이 된 면적 문제도 해결할 수 있었다. 그래서 우리는 지름 75m에 달하는 세계 최고의 구체를 활용해 테마 몰을 개발하기로 했다.

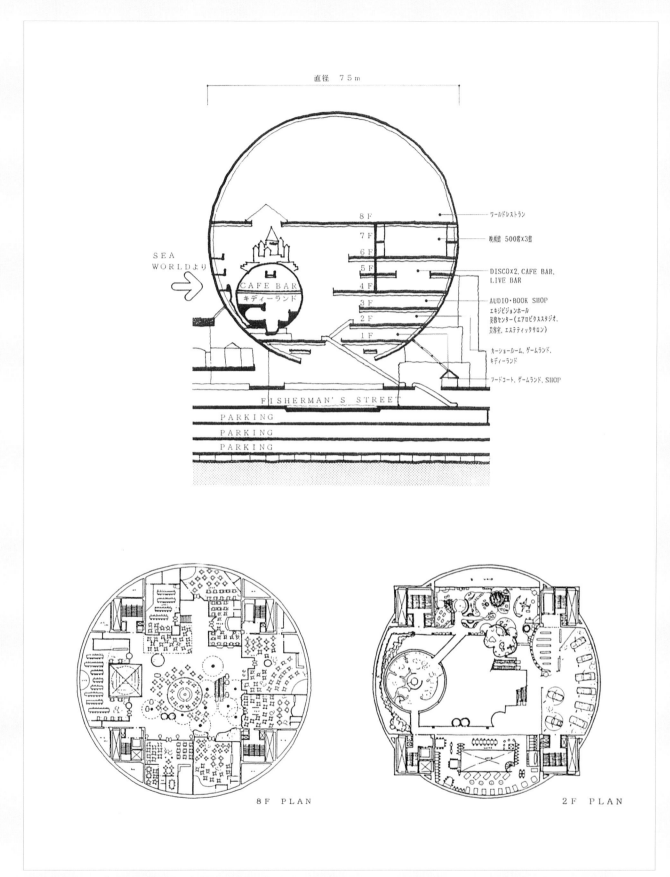

直径 75m

8 F　　　　　　　　　　ワールドレストラン

7 F

6 F　　　　　　　　　　映画館 500席×3館

5 F

SEA
WORLDより　　→　　　　　　　　　　DISCO×2, CAFE BAR,
　　　　　　　　　　　　　　　　　　LIVE BAR
CAFE BAR
キディーランド　　4 F

　　　　　　　　3 F　　　　　　　　AUDIO・BOOK SHOP
　　　　　　　　　　　　　　　　　　エキジビジョンホール
　　　　　　　　2 F　　　　　　　　美容センター(エアロビクススタジオ,
　　　　　　　　　　　　　　　　　　美容室, エステティックサロン)
　　　　　　　　1 F
　　　　　　　　　　　　　　　　　　カーショールーム, ゲームランド,
　　　　　　　　　　　　　　　　　　キディーランド

　　　　　　　　　　　　　　　　　　フードコート, ゲームランド, SHOP

FISHERMAN'S STREET

PARKING

PARKING

PARKING

8F PLAN　　　　　　　　　　　　　　　2F PLAN

내부를 8층으로 구성해 각 층별로 다른 시설을 계획했다.

구상 스케치 : 지상에서의 집근은 우주선을 타는 듯한 느낌이 들도록 했다.

(위) 구상 스케치 : 구체 내부의 서브 구체는 당시 유행했던
카페 바(cafe bar)로 계획했다.
(아래) 구상 스케치 : 구체 상부의 내부공간에는 천장에 영상을
투영해서 지평선 너머로 다른 행성이 보이도록 연출했다.

테마 몰 구상 ②
'베네치아'를 테마로 한 몰

계획시기 | 1996~1997년

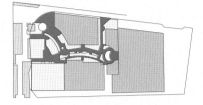

'베네치아'를 테마로 한 몰의 위치를
표시한 배치도

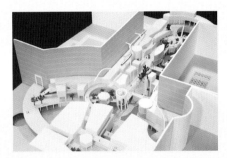

몰 부분의 모형

'베네치아'를 테마로 한 몰을 제안하기 1년 전인
1995년의 잠실지구 심벌 타워 디자인은 유럽풍이었다.

이탈리아의 베네치아를 모델로 1997년에 구상한 테마 몰. 그런데 2년 후(1999년) 미국 라스베이거스에
동일한 테마의 베네시안 리조트 호텔 카지노(VENETIAN HOTEL&CASINO)가 오픈했다.

1995년에 작성한 유럽 스타일 몰의 구상 스케치

세 개의 각기 다른 테마의 광장이 있는 몰

계획시기 | 1998년

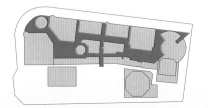

광장 세 곳과 잠실 에비뉴의 위치가
표시된 배치도

몰 부분의 전체 이미지 모형

테마가 각각 다른 세 개의 광장과 넓은 통로, 골목을 몰 사이에 배치해 가족이나
연인, 단체는 물론 혼자서도 즐길 수 있도록 계획했다. 또 새로운 만남이 기대되는
공간이 되도록 구상했다. 이 스케치는 하드 록 광장이다.

HARD ROCK 広場

(위) 구체 유리 내부.
심벌 트리를 중심으로 조성된
레인포레스트 광장
(아래) 광장과 몰을 연결하는
도로 폭이 넓게 계획된 잠실 에비뉴

ITALIA 広場

이국적인 느낌이 물씬 풍기는
이탈리아 광장

'파리'를 테마로 한 입체적인 몰

계획시기 | 1999년

몰은 동쪽 광장과 서쪽 광장을 연결한
고리 형태로 설계했다. 또 중심에도 로드 몰을
형성해 거리 전체가 즐길 거리가 될 수 있도록
계획했다. 그림은 몰의 위치를 표시한 것이다.

'파리'를 테마로 한
테마 몰이 있는 잠실 동쪽지구의
모형. 슈퍼타워 대신 호텔과
오피스, 주거공간으로 구성된
트윈타워를 계획했다.

구상 스케치 : 신 회장은 '파리'라는 테마에 주목했다.
특히 올림픽로 쪽 파사드를 마음에 들어 했다.
몰 동쪽 끝부분에 위치한 광장에 구체를 활용해서 입체적인
거리를 조성, 몰의 아이콘으로 삼는 방안도 고려했다.

(위) 구상 스케치 : 몰 중심부에 있는 남쪽 공원 연결 게이트
(아래) 구상 스케치 : 중앙 게이트가 올림픽로 방향으로 계획된 파사드

노스탤지어를 테마로 한 몰

계획시기 | 2006년

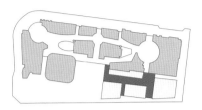

'노스탤지어를 테마로 한 몰'의 위치를
표시한 배치도

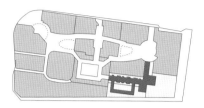

'노스탤지어를 테마로 한 몰'의 위치를
표시한 지하 1층 배치도

(위) 역사적 건축물의 이미지를 중시한 외관 디자인 안
(아래) 역사적 건축물의 디자인을 현대적 감각으로 해석한 외관 디자인 안

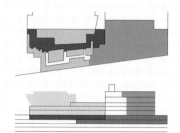

서울의 옛 모습, 특히 서민들의 삶을 느낄 수
있는 분위기의 몰을 계획했다. 널찍한 통로에는
음식점의 테이블과 의자, 포장마차를 설치해서
옛날 그대로의 맛을 즐길 수 있도록 제공하고
수제 잡화점 등도 들어서게 할 계획이었다.

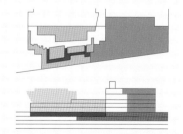

몰 내부에는 먹자골목도 구상했다.
오가는 사람들의 어깨가 스칠 정도로
복작복작한 뒷골목 느낌의 공간을 계획한 후
입구 파사드를 좁게 만든 매장들을 배치했다.
어른들을 위한 테마 몰이라고 할 수 있다.

'라이브성'을 테마로 한 몰(라이브 타운)

계획시기 | 2007~2008년

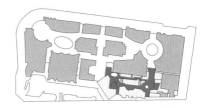

라이브 타운의 위치를 표시한 배치도

한국의 서민문화라고도 할 수 있는 시장과 소극장을 테마로
라이브 느낌이 물씬 나는 몰을 구상. 공예품이나
예술작품을 직접 제작해서 판매하는 소규모 숍들이 있는
광장을 중심으로 나선형의 '시장'을 조성. 몰 내부에는
중소형 극장 또는 먹자거리도 만들어 늦은 밤까지 사람들로
북적이는 거리를 지향했다.

구상 스케치 : 나선형 '시장'으로 제안한 두 가지 안 중
나선형 타워 이미지(위)와 나선형 언덕 이미지(아래)

라이브 타운 구역은 '휴먼 스케일'의 편안하고 쾌적한 공간으로 구성한다.

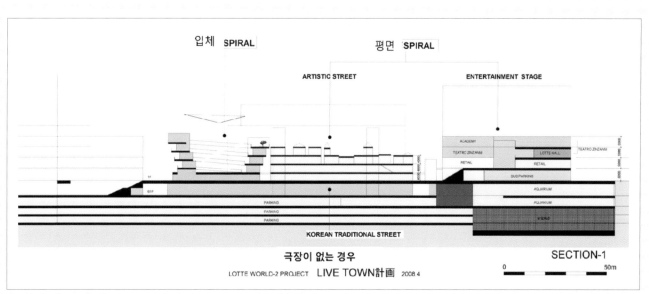

라이브 타운의 단면도

테마 몰 구상 ⑦

엔터테인먼트와 아트를
테마로 한 몰

계획시기 | 2009년

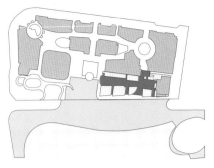

'엔터테인먼트와 아트'를 테마로 한
테마 몰의 위치를 표시한 배치도

구상 ⑥ '라이브 타운'의 별도 안. 2천 명을 수용할 수 있는 대규모 라이브하우스가 중심에 자리한 몰이다. 아트 뮤지엄 등 엔터테인먼트와 아트를 테마로
구상했다. 신동빈 롯데 회장(당시 부회장)이 젊은 세대들의 거점 조성을 제안해 음악과 연극, 예술작품 등을 발표하고 공연하는 거리로 계획했다.

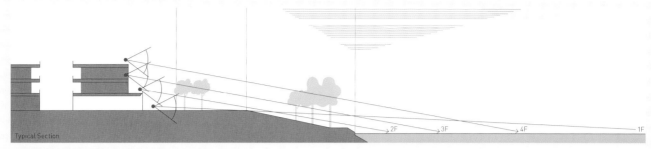

Typical Section

각 층에서 남쪽 호수를 조망할 수 있어 실내, 테라스,
옥상 어디에서든 탁 트인 개방감을 느낄 수 있도록 계획했다.

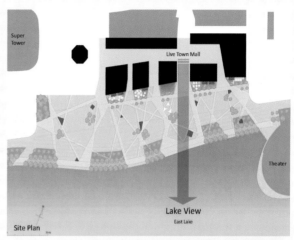

남쪽 호수를 향해 펼쳐진 공원으로 1층 몰에서 직접 접근이 가능하도록 해
라이브 타운과 공원이 하나가 되도록 계획했다.

테마 몰 구상 ⑧

노스탤지어를 테마로 한
라이브 타운 몰

계획시기 | 2011년

서울시의 결정으로 남쪽 부지를 넓혀 시민들에게 개방하도록
건축물 배치를 조정했다. 테마성이 강한 라이브 타운은
5층과 6층에 배치하고, 그밖에 시네마 콤플렉스와 라이브하우스,
뮤지엄, 식당가 등으로 몰을 구성했다. 몰에서 바라보는
슈퍼타워와 호수공원의 조망이 몰의 커다란 특징이 되었다.

모형 우측에는 시네마 콤플렉스와 라이브하우스가 있다.
'라이브 타운'의 테마성을 강조한 층은 5층.
그 가운데 부분에 3층 높이(5, 6, 7층)의 아트리움 공간을 마련해
천창에서 자연광이 들어오는 개방적인 공간으로 계획했다.

구상 스케치 : 라이브하우스가 있어
젊은이들이 주요 타깃인 층(floor)에도
한국의 전통 디자인 요소가 가미되어 있다.

옥상은 녹음이 풍부한 정원으로 꾸며 자유롭게
출입할 수 있도록 계획했다. 슈퍼타워
상층부에서 내려다보면 호수와 호반 공원,
그리고 옥상의 그린이 하나의 띠처럼 쭉 이어진다.

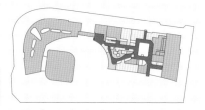

5층 라이브 타운 몰의 위치를 표시한 배치도

슈퍼타워 디자인
전체 구상 단계에서의
디자인(필자의 설계회사가 제작)

잠실(동쪽지구) 개발계획은 서쪽지구가 개장한 1989년에 시작되었다. 필자의 설계사무소인 오쿠노 쇼 건축연구소에서는 그 초기단계부터 슈퍼타워 건설을 전체 구상에 포함시켰다. 이후 2005년까지 개발로 인한 주변환경의 변화와 신 회장의 의견 등을 반영해 슈퍼타워의 디자인도 바뀌었다.

1989년

1989년

1989년

1990년

1995년

1995년

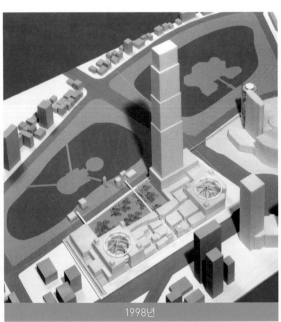

1998년

1998년

1990년

1990년

1994년

1999년

2003년

2005년

무궁화 꽃×에펠탑의 곡선미

무궁화는 한국의 국화로, 의장화해서 문장으로도 쓰인다. 한국인에게 친숙한 이 꽃의 모양을 타워의 평면 디자인에 적용하고, 수직면에 해당하는 외관 디자인은 신격호 회장이 도심부 타워 형태로 선호하는 에펠탑을 모방해 아치형의 곡선을 지닌 형상으로 설계했다. 또 다면체의 벽이 자연광을 반사시켜 다채로운 빛을 선사하는, 아름다움을 추구한 디자인 안이다.

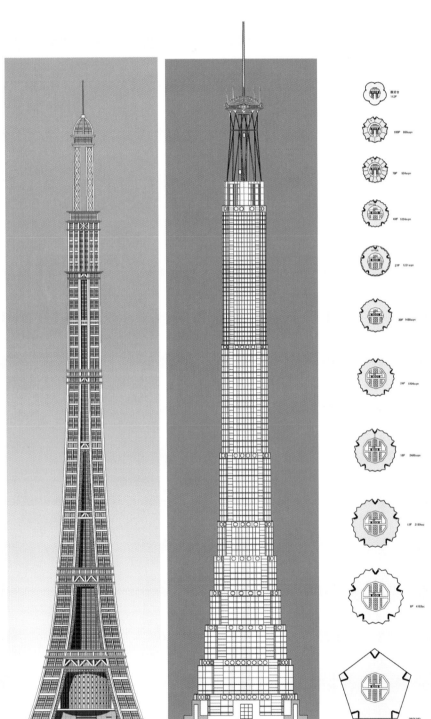

평면이 지상에서는 오각형 모양인데
상층으로 올라갈수록 무궁화 모양으로 바뀐다.

국내외 설계사무소가 경쟁

신격호 회장은 국내외 12개 회사에서 디자인을 제안받아
슈퍼타워 형태에 대해 검토를 거듭했다.

RTKL 안(1997년)

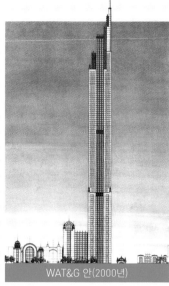

WAT&G 안(2000년)

HOK 안(2005년)

KPF 안(2005년)

da Group 안(2008년)

SAMOO 안(2008년)

Heerim 안(2008년)

De Stefano 안(2008년)

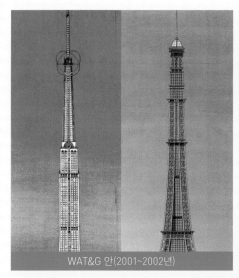

WAT&G 안(2001~2002년)

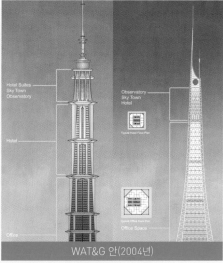

WAT&G 안(2004년)

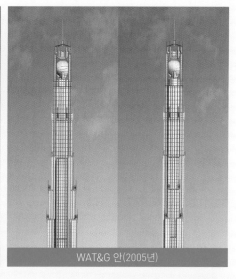

WAT&G 안(2005년)

SOM 안(2005년)

SOM 안(2006년)

Foster+Partners
안(2008년)

Pelli Clarke Pelli
안(2008년)

KPF
안(2008년)

KPF
안(2009년)

슈퍼타워 디자인
4반세기 만에 정해진 디자인

슈퍼타워의 디자인은 한국의 역사적 맥락과 미래 지향성을
겸비한 두 가지 안으로 압축되었다. 그리고 마지막에는
신동빈 회장(당시 부회장)의 의견도 반영해 KPF 사의 디자인으로
결정되었다.

SOM 사의 디자인 안은 첨성대를 모티프로 삼았다.

잠실 롯데월드(동쪽지구) 그랜드 오프닝

2017년 4월 3일, 잠실 롯데월드(동쪽지구)의
그랜드 오프닝을 '롯데월드타워'라고 명명한
슈퍼타워에서 불꽃축제로 축하했다.

잠실 롯데월드는 동쪽지구(앞부분)가 마무리되면서
서쪽지구와 더불어 서울의 부도심으로서의 기능을
완벽하게 수행할 수 있게 되었다.

잠실 롯데월드(동쪽지구)에 있는 주요 상업시설과 문화시설.
광장 중심에는 '롯데'라는 이름의 유래인《젊은 베르테르의
슬픔》(여주인공 '샤롯데')의 작가 괴테의 동상이 놓여 있다.

JOHANN WOLFGANG VON GOETHE MONUMENT

롯데월드타워 117~123층은 전망대로 되어 있다.

롯데월드타워 주변에는 풍부한 녹지공간을
갖춘 석촌호수 공원이 펼쳐져 있다.

시민과 관광객들이 자유롭게 오가는 몰에는 언제나 활기가 넘친다.

롯데월드의 꿈, 전국으로 펼치다

4

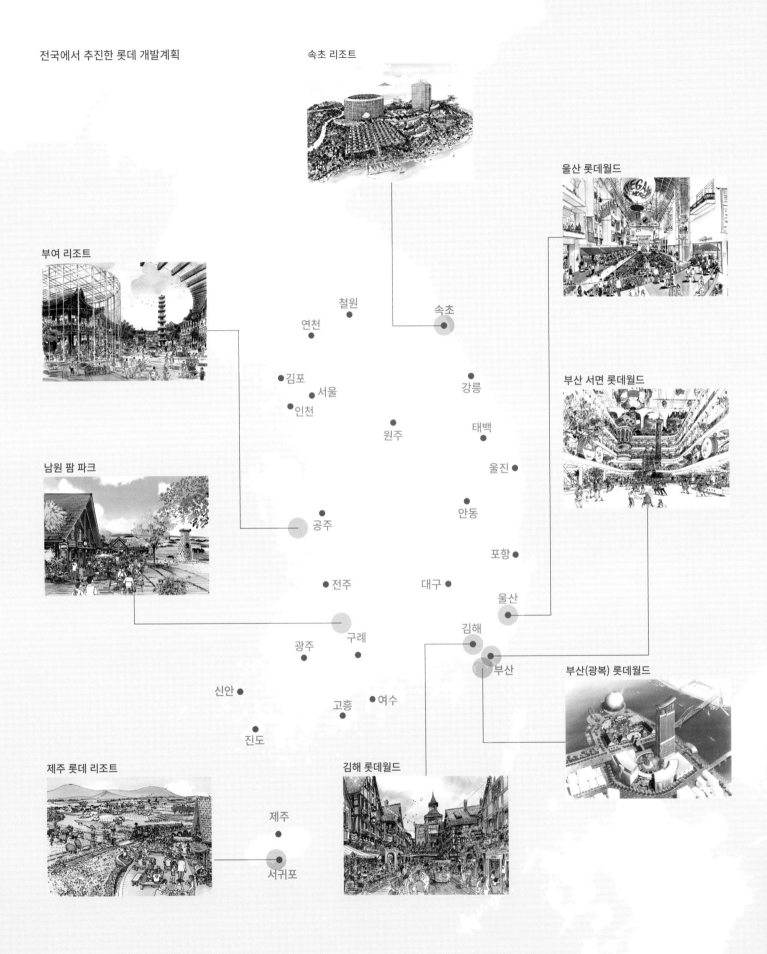

전국에서 추진한 롯데 개발계획

속초 리조트

울산 롯데월드

부여 리조트

부산 서면 롯데월드

남원 팜 파크

부산(광복) 롯데월드

제주 롯데 리조트

김해 롯데월드

철원

연천

속초

김포

강릉

서울

인천

태백

원주

울진

안동

공주

포항

전주

대구

울산

구례

김해

광주

부산

신안

여수

고흥

진도

제주

서귀포

목표는 '한국 최고', 개발사업의 전국 확대

속전속결로 이루어진 부산 롯데월드 개발 추진

서울 도심부 소공동에 호텔과 각종 상업시설을 통한 복합개발의 성공사례를 구축한데 이어 잠실에 실내형 테마파크를 중심으로 한 부도심 구축을 완료한 롯데의 개발사업은 이후 국내 전 지역으로 확대됐다.

서울 이외 도시 중에서는 '부산 롯데월드' 개발이 가장 먼저 추진됐다. 계획이 시작된것은 1984년이었다. 잠실 서쪽지구 롯데월드의 준공을 기다리지 않고 곧바로 부산 개발계획에 착수했다. 그야말로 '한국 최고'를 지향한 신격호 회장의 때를 놓치지 않는 빠른 판단이었다.

고도성장 덕에 개인의 소비력이 높아진 한국에서는 상권 내 최고를 목표로 불꽃 튀는출점 경쟁이 벌어지고 있었다. 이 치열한 경쟁에 뛰어든 백화점이나 마트는 대다수가 단독 출점이었다. 이에 반해 롯데는 이미 실적으로 입증된 복합개발이라는 '규모감'과, 개발 계획부터착수까지 신 회장이 속전속결로 추진하는 '속도감'을 모두 갖추고 있었다. 서울에서 구현한 개발 규모를 그대로 지방도시에 적용하기에는 물론 한계가 있었다. 해당지역의 상권 규모에 부합해서 추진하겠다고는 하나, 롯데의 복합개발은 경쟁 타사와의 차별화를 도모하는 데 충분한 매력이 있었다.

지역 맞춤형 복합개발 추진

지방도시에서 추진하는 복합개발 역시 백화점이나 마트, 몰 등의 상업시설과 호텔을기본 구성으로 계획했다. 여기에 각 지역 상권과의 조화로운 성장 등 지역 특성을 감안해서테마파크, 시네마 콤플렉스, 문화시설 같은 시간소비형 시설을 추가 구성함으로써 경쟁시설과의 차별화를 도모했다. 또 리조트 지역에서는 호텔을 중심으로 테마파크나 테마타운을 복합시킨, 도시형과는 또 다른 복합리조트 개발을 시도했다. 일부는 계획 단계에서 머무르기도했지만 속초, 제주도, 부여의 각 관광지에서 이를 실현하기에 이른다.

부산 서면 롯데월드

계획시기 | 1984~1995년

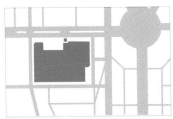

백호의 강렬한 존재감이 인상적인 호텔

부산의 중심 시가지 서면에 위치한 롯데월드 개발지는 약 3만 5천㎡
규모의 막대한 잠재력을 지닌 부지였다. 이곳에는 백화점 상부에 미니
테마파크를 조성하는 계획과, 호텔에 '정글'이라는 테마를 설정한
계획이 마련됐다. 백화점에 병설된 미니 테마파크에는 오픈 당시
롤러코스터가 있었다. 오픈한 지 얼마 되지 않아서 소음과 진동이
문제가 되면서 롤러코스터는 영업을 중단하고, 시네마 콤플렉스
중심의 어뮤즈먼트 시설로 변경됐다.

'정글'을 테마로 한 호텔은 로비 공간을 아트리움으로 만들어 정원을
조성했다. 정글을 방불케 하는 정원은 커피숍이나 연회장 쪽에서도
잘 보였다. 그것만으로도 사람들의 시선을 끌기에 충분했다. 고객들을
더욱 놀라게 한 것은 단연 커피숍 유리창 너머에 있는 호랑이의
존재감이었다.

부산 서면 롯데월드의
완성된 모습(백화점 외관 리뉴얼 전)

부산 서면 롯데월드의 외관 이미지(부산 서면
롯데월드 기본 구상안에서 발췌)

부산 서면 롯데월드 기본 구상안에서 발췌한
미니 테마파크의 모습

부산(광복) 롯데월드

계획시기 | 1994~1996년

워터프런트 이점, 항구 경치가 세일즈 포인트

서면지구와 더불어 부산의 또 다른 중심 시가지인 광복지구에도
롯데월드를 개발했다. 이곳은 항구와 맞닿아 있는 워터프런트의
장점을 최대한 살린 개발이 계획됐다. 항구 일부를 활용해서 만든
수족관, 항구의 경치를 세일즈 포인트로 삼은 호텔 객실과 레스토랑
이외에 광복지구를 대표하는 하이라이트로 두 개의 테마 몰이

계획에 추가됐다. 하나는 북유럽 이미지를 살려 만든 스케이트
링크와 이를 중심으로 한 넓은 광장이 있는 몰이고,
다른 하나는 한국의 전통문화를 느낄 수 있는 몰이었다.
제한된 부지 면적으로 인해 테마파크 건설이 힘들 때는
이를 대신할 수 있는 임팩트 있는 계획이 반드시 필요했다.
그것이 신격호 회장의 철칙이었다.

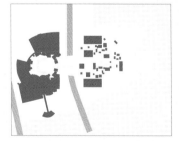

194

북유럽 감성을 담은 테마 몰은
중앙의 스케이트 링크와
주변의 운하를 바라보며 산책할 수
있도록 계획했다.

한국의 전통문화를
테마로 한 테마 몰도
계획했다.

울산 롯데월드

계획시기 | 1997~1999년

신격호 회장의 고향, 테마 몰에 특히 많은 정성
울산은 인구 약 117만 명의 도시이다. 시민들의 1인당 구매력이
다른 지역보다 높은 것도 매력이지만, 무엇보다 특별한 것은
신격호 회장이 태어나 어린 시절을 보낸 곳이라는 점이다.
이곳에는 호텔, 백화점, 마트로 구성된 롯데월드를 계획했으며,
특히 테마 몰에 많은 공을 들였다.

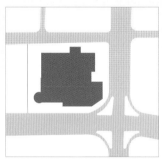

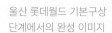

울산 롯데월드 기본구상
단계에서의 완성 이미지

김해 롯데월드

계획시기 | 1997년, 2008년

광활한 부지를 활용한 새로운 도시형 리조트
김해는 부산시 교외에 위치한 곳으로, 마산이나 창원과 고속도로로
연결돼 있어 광역 상권을 전제로 한 계획이 가능했다. 게다가 부지면적이
자그마치 90만m²에 이르는 광활한 크기였다.
김해 롯데월드는 이 광활한 부지를 적극 활용해 도시형 리조트의
매력이 돋보이는 새로운 스타일의 롯데월드를 추구했다.
가족 단위 고객들이 즐겁게 주말을 보낼 수 있는 공간을 충분히 확보하고
여기에 테마성이 돋보이는 몰, 시장 등을 복합시킨 매력적인 리조트 시설의
롯데월드 실현을 도모했다.

(왼쪽) 테마 몰 중심에는 광장을 설치했다.
(오른쪽) 테마 몰은 내부 통로를 여유 있게 확보해
몰 내부를 누비듯 노면전차가 운행되도록 할
계획이었다.

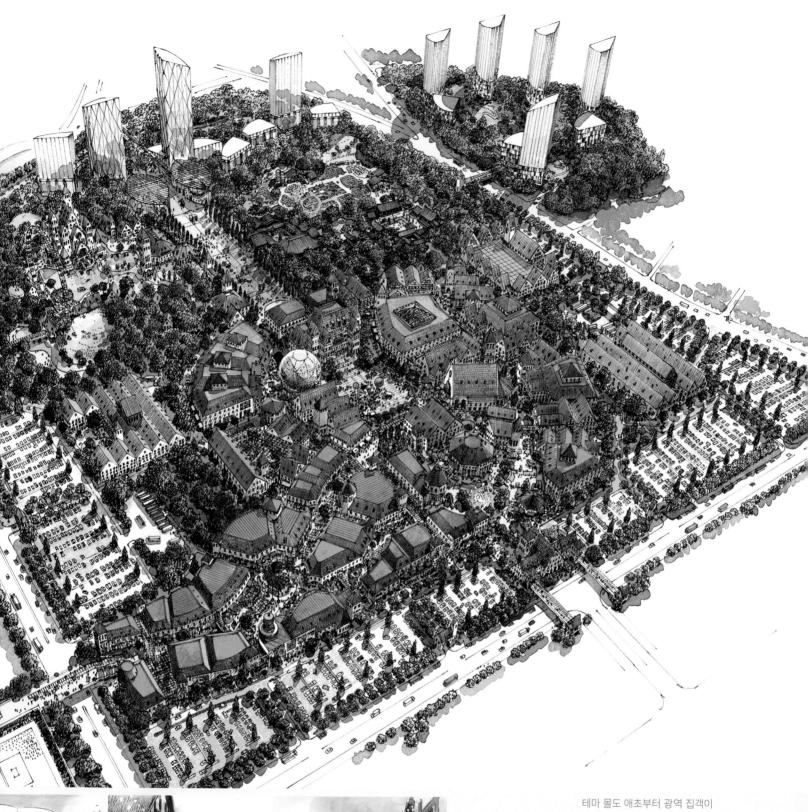

테마 몰도 애초부터 광역 집객이
가능한 시설로 계획했다.

제주도 롯데 리조트

계획시기 | 1995년, 2002~2007년

목표는 '관광객이 꼭 찾는 최고 명소'

대한민국 최남단에 위치한 화산섬 제주도는 아름다운 바다와 백설로
뒤덮인 한라산의 멋진 풍광을 즐길 수 있는 천혜의 관광지다.
섬 중앙에 우뚝 솟은 해발 1,950m의 한라산에서부터 화산활동으로
형성된 복잡한 해안선은 이곳만의 매력이다. 제주도는 이렇게
아름다운 자연을 활용한 관광자원의 개발 잠재력이 큰 지역이다.
그래서 제주도를 찾는 관광객이라면 반드시 들르는 관광 거점을
목표로 롯데 리조트 개발을 추진했다.
개발지로 선정된 곳은 다양한 표정을 지닌 복잡한 해안선과 맞닿은
부지와, 그곳에서 5km 정도 내륙 쪽으로 들어간 한라산 자락에 펼쳐진
약 340만m²에 이르는 광대한 부지, 이렇게 두 곳이었다. 바다와
인접한 부지에는 동중국해의 경관을 100% 활용한 호텔을 짓고,
고원 부지에는 목장을 테마로 한 팜 파크(farm park)와 빌라, 골프장,
플라워 파크 등을 조성해 연간 300~400만 명의 고객들이 찾는
테마 리조트를 개발하는 것을 목표로 했다.
이 중 플라워 파크와 팜 파크는 토지 매입이 계획대로 진행되지 않아
애매한 형태로 중단되고 말았다. 최근 중국을 비롯한 아시아 각국에서
많은 관광객이 제주도를 찾고 있다. 엄청난 집객이 기대됐던
이 두 파크가 모두 실현되었더라면 롯데 리조트는 지금과는 사뭇
다른 모습이지 않았을까 생각해 본다.

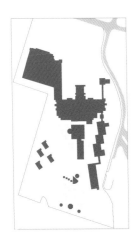

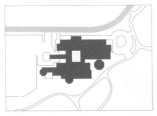

골프장 '롯데 스카이힐
제주 컨트리클럽'의
클럽하우스

클럽하우스

롯데호텔 제주의 현재 모습

관개수로 이용이 가능한 연못 두 곳을 중심으로
농지 조성을 구싱한 팜 파크 2 계획

고급형 숙박시설 빌라
바로 옆에 조성된 팜 파크 1.
팜 파크 1 안에
플라워 파크가 있다.

팜 파크는 별장형 숙박시설인 빌라와 인접한 팜 1,
광활한 농지가 펼쳐지는 팜 2로 계획되었다.

한라산과 이어지는 능선을 바라보며
휴양지 느낌을 한껏 즐길 수 있는
팜 파그 1의 이미지.

플라워 파크 내부에 설치하려고 했던 플라워 뮤지엄

속초 리조트

계획시기 | 1990년

강원도에 완성한 복합리조트 개발 제1호

롯데의 리조트 개발은 속초에서 시작됐다. 속초는 제주도, 경주와 함께
한국을 대표하는 3대 관광지 중 하나인 설악산 국립공원이 서쪽에
자리하고 있으며, 동쪽 해안가에 천혜의 멋진 해수욕장이 들어서 있어
인기가 높은 곳이다. 아름다운 경관의 바다와 산을 함께 만끽할 수 있는
이곳은 서울에서 2시간 거리에 있어 시끌벅적한 도시의 일상과 소음에서
벗어나 잠시 휴식을 취하기에 최고의 조건을 갖추고 있다.
롯데는 이곳에 호텔, 콘도미니엄을 중심으로 구성된 시설을 건설했다.
이 시설은 지금도 한국을 대표하는 복합리조트로 성장을 거듭하고 있다.

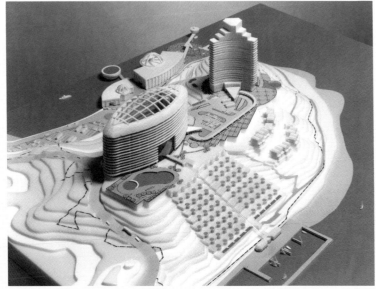

속초 리조트 완성 모형. 건물 디자인에 곡선을 반영하고
경사지를 이용하는 등 비일상적 공간으로서의 '리조트'를 표현했다.

206

부여 리조트

계획시기 | 2007~2008년

역사적 자산을 복합시킨 리조트 개발

2007년에 한국 서쪽에 위치한 백제의 옛 도읍 '부여' 거리를 재현해
새로운 관광자원으로 활용하는 개발계획이 추진됐다. 이 프로젝트의 일환으로
개발지역을 관광 리조트로 조성하는 사업에 롯데가 참여하게 됐다.
호텔, 골프장, 아울렛 몰, 플라워 파크 등의 레저시설에 부여의 역사적 유산을
체험할 수 있는 민속촌까지 추가 구성해 복합리조트 시설을 개발했다.
특히 역사적 전통양식을 도입한 아울렛 몰은 독특한 디자인으로 꾸며졌다.

부여 리조트의 현재 모습

백제시대를 테마로 한 아울렛과
어뮤즈먼트 파크 이미지

남원 팜 파크

계획시기 | 2011년

1차 산업과 관광업 병행 발전을 꿈꾼 '복합개발'

롯데는 생산자와 소비자를 연결하는 소매업으로 사업을 추진해 왔다.
이 같은 실적과 경험을 토대로 '남원 프로젝트'는 생산자 측에 한발 더
다가가 새로운 사업 시스템을 구축하려고 했던 계획이었다.
전라북도 남원에 위치한 약 82만 6,400m²의 토지를 채소 재배와
목축의 거대 거점으로 개발하고 농업과 목축업을 운영하면서 관광을
위한 기능까지 더하는 것으로 플랜을 짰다. 다시 말해 1차 산업과
관광업을 병행 발전시키려는 새로운 타입의 리조트지 조성계획이었다.
현지에서 생산한 채소와 유제품은 브랜드화해서 롯데가 개발한
마트나 백화점에서 '산지 직송'이라는 부가가치를 더해 판매하는
한편, 레스토랑에서는 다양한 메뉴의 식재료로 활용하는 내용이었다.
계획대로라면 지금까지 없었던 '복합개발'의 선두주자가 되었을지
모른다. 제안에 대한 평가는 높았지만 여러 사정으로 인해 실현까지는
이르지 못했다.

농업 센터 내부

맥주 광장(Beer Village)

210

남아프리카까지 날아가 배운 '정글 호텔'

"남아프리카 '선 시티'에 정글을 테마로 한 호텔이 있는 것 같은데 직접 가서 확인해 달라."

신격호 회장으로부터 이 같은 연락을 받고 직감적으로 떠오른 것이 있었다. 그것은 제주도에서 리조트 개발을 추진하던 1995년쯤의 일이었다. 호텔 계획 콘셉트와 디자인의 방향을 모색하던 시기로, 신 회장께서 아마도 봤을 잡지의 화보를 나도 이미 보고 강렬한 인상을 받았다. 의뢰를 받은 10일 후 나는 남아프리카로 출발했다.

일본에서 남아프리카까지는 호주를 경유했기 때문에 20시간 정도 걸렸다. 현지에서 마주한 '정글 호텔'은 화보를 통해 본 모습 그 이상이었다. 마치 수백 년 전부터 정글 속에 있었던 것 같은 외관을 비롯해, 인테리어나 가구 등도 밀림의 신비한 세계관이 완벽하게 재현되어 있었다. 종업원들이 입는 유니폼도 탐험가들의 복장이었다. 눈에 들어오는 모든 것이 마치 깊은 숲속에 펼쳐진 딴 세상으로 이끄는 듯한 신비로운 체험을 가능케 했다.

귀국해서 보고 드리자 신 회장은 곧바로 하와이에서 전문가를 불러 호텔 설계를 의뢰했다. 머지않아 그들이 제안한 테마는 '천공'이었다. 롯데는 예산상의 한계를 아이디어로 극복해 멋진 테마형 호텔을 완성시켰다.

미디어를 통한 정보로는 실물의 30% 정도밖에 알 수 없다. 중요한 판단을 할 때는 역시 현지에서 직접 부딪치며 나머지 70%의 정보를 확인해야 비로소 매력의 본질에 다다를 수 있게 된다. 이는 신 회장과 함께, 혹은 신 회장을 대신해 여러 차례 현지에 발을 내딛고 실제로 터득한 깨달음이다.

울창한 정글 숲 속에 지어진 근대식 호텔.
신 회장은 정글을 테마로 한 남아프리카 선 시티의 호텔 정보를
들으시고 필자에게 현지 시찰을 지시하셨다.

정글 호텔 아이디어를 활용한
부산 롯데호텔 내부 모습

롯데월드,
세계로 나가다

5

해외에서 추진한 롯데 개발계획

모스크바 롯데월드

모스크바강 모래톱 개발

모스크바 나가티노 지구 개발

선양 롯데월드

도쿄 롯데월드

상하이 롯데월드

호치민 롯데월드

자카르타 롯데월드

자카르타 롯데월드

롯데월드의 글로벌 전략

불발로 끝난 트럼프와의 '맨해튼 빅딜'

잠실 롯데월드 서쪽지구가 1989년에 개장하고 곧바로 테마파크를 중심으로 한 복합개발 사업을 전 세계로 확대하는 전략이 수립됐다. 서울에 이어 뉴욕과 도쿄에 롯데월드를 건설하고, 이 세 도시의 롯데월드를 글로벌 전개의 거점으로 삼는다는 구상이었다. 신격호 회장이 가장 먼저 부지매입에 나선 곳은 세계의 이목이 집중되는 뉴욕이었다.

신 회장의 지시를 받은 미국 주재원이 후보지로 물색한 곳은 맨해튼 중심부에 있는 허드슨강 유역에 인접한 지역이었다. 면적은 3만m² 남짓이었다. 이 정도 부지로는 롯데월드를 건설하기에는 충분하지 않았다. 그러나 입지 여건은 더할 나위 없이 좋았다. 신 회장도 즉시 현지로 날아가 헬리콥터를 타고 상공에서 시찰했다. 빼어난 여건에 만족한 신 회장은 곧바로 토지 매입에 착수했다.

그런데 놀랍게도 이 토지의 소유주는 훗날 미국 제45대 대통령으로 선출된 도널드 트럼프였다. 당시 그는 부동산사업으로 큰 부를 축적해 맨해튼에 본인의 이름을 딴 빌딩을 여러 채 소유한 거물 실업가였다. 신 회장은 트럼프를 직접 만나 토지 매입을 제안했다. 하지만 협상은 불발로 끝나고 말았다. 이후 몇 차례 더 접촉할 기회가 있었지만 협상에 대해 좋은 인상을 받지 못한 신 회장은 맨해튼 토지에 더 이상 미련을 갖지 않았다.

새로운 글로벌 전개 전략

맨해튼에서 부지 매입에 실패한 신 회장은 뉴욕주와 인접한 뉴저지주의 부지를 개발지로 검토했다. 후보지는 규모도 충분했고 도로망도 정비돼 있었다. 자동차로 1시간 이내에 대규모 상권이 형성돼 있어 잠재력도 충분했다.

하지만 지을 수 있는 건물 높이에 제한이 있었고 이런저런 규제 또한 많았다. 롯데월드 건설을 위해서는 주 정부와 어쩔 수 없이 타협해야 하는 상황이 많을 듯했다. 글로벌 전개의 도약대로 삼을 미국 진출을 어중간한 개발로 시작하고 싶지 않다는 차원에서 미국 동해안에서 부지를 찾는 것은 일단 보류했다.

글로벌 전개를 위해 미국 진출을 서두를 필요가 없어진 데는 잠실 롯데월드의 성공도 한몫했다. 잠실 롯데월드에 해외 여러 나라에서 수많은 관광객이 찾아오고 또 세계 각국으로부터 롯데월드를 유치하고 싶다는 요청이 줄을 이었기 때문이다. 굳이 뉴욕에 롯데월드를 만들지 않아도 글로벌 전개가 충분히 가능한 상황이 된 것이다.

서울, 뉴욕과 함께 3대 거점 중 하나로 계획한 도쿄 진출의 경우, 계획지는 거의 확보된 상황이었다. 하지만 지근거리에 있는 도쿄 디즈니랜드를 상대할 만한 마땅한 전략이 없어 개발 시기를 늦추기로 했다. 이런 상황을 감안해 롯데월드의 글로벌 전개 전략은 중국, 인도네시아, 베트남을 비롯한 아시아 각국과 러시아 및 동유럽 국가를 공략하는 것으로 바뀌었다.

서울 잠실 롯데월드

미국 뉴욕

일본 도쿄

롯데월드의 글로벌 전략
롯데월드의 글로벌 전략은 서울, 뉴욕, 도쿄를
3대 거점으로 삼았다. 당초 계획은 뉴욕 진출을 통해
글로벌 전략의 토대를 구축한 후 미국 내
각 도시와 세계 각국으로 진출하는 것이었다.

롯데월드, 해외 진출의 선두주자

누구나 환영한 롯데월드 진출

롯데그룹이 해외진출을 계획한 사업에는 소매업, 부동산업, 식품업, 케미칼 사업 등이 있었다. 모든 사업에는 '롯데'라는 이름을 붙였다. 그런데 롯데라는 브랜드 네임은 한국과 일본에는 꽤 알려져 있었지만 국제적 지명도는 아직 충분하지 않았다.

진출국에서는 현지 기반을 신속히 다진 후 비즈니스 확대를 통해 롯데라는 이름을 널리 알리는 것이 사업 성공의 중요한 열쇠가 된다. 그 선두주자로서 해외 주요 도시에 롯데월드를 만드는 것이 유효한 수단으로 고려됐다.

테마파크나 호텔, 백화점, 쇼핑몰을 복합시킨 롯데월드는 다양한 계층의 남녀노소가 즐길 수 있는 공간이다. 롯데월드를 개발하려는 것은 단순히 집객력 있는 복합시설 조성이라는 실적 때문이 아니라, 진출국에서 롯데라는 브랜드를 단시간에 널리 알려 상품판매를 비롯한 사원들의 현지 영업활동을 촉진하려는 의미가 담겨 있었다.

롯데의 해외 진출에 대한 반응으로 인상적이었던 것은 모든 국가, 도시를 불문하고 가족이 함께 즐길 수 있는 롯데월드 같은 공간을 모두가 간절히 바라고 있었으며 크게 환영했다는 점이었다.

롯데만의 해외 프로젝트 노하우

해외 프로젝트에는 국내 프로젝트와는 달리 극복해야만 하는 장애물들이 늘 산재해 있어 개발에 적지 않은 기간이 소요된다. 또 후보지를 사전에 정확하게 평가하는 데에도 많은 어려움이 따른다.

해외진출 후보지를 검토할 때 우리가 중시한 부분은 도로나 철도 같은 인프라 상황, 부지 규모, 주변 인구 등 관련 데이터와 함께 후보지가 위치한 도시의 향후 계획에서 해당 부지가 발전구역에 포함돼 있는지 여부였다. 테마파크를 복합할 경우에는 400~500만 명의 상권을 염두에 두었다. 해당 부지 내 경쟁시설은 크게 신경 쓰지 않았다. 실내형 테마파크 개발은 현지 개발사가 쉽게 흉내 낼 수 없다는 점을 잘 알고 있었기 때문이다.

복합개발에 포함시킬 대부분의 사업을 자사에서 운영할 수 있다는 점도 롯데만의 강점으로 타의 추종을 불허했다. 백화점, 마트, 편의점, 몰, 호텔, 오피스, 주거공간(아파트) 등의 사업을 롯데 계열사에서 자체 개발할 수 있기 때문에, 그 품질이 보증된다는 점도 해당 정부나 지자체 관계자들에게 강력히 어필할 수 있는 강점이었다.

또 롯데월드 이외의 사업이 해당 국가에 먼저 진출해 있는 경우도 많아 대상국에서의 인지도나 그동안 구축한 인맥 등이 계획을 추진하는 데 유리하게 작용했다.

원점으로
돌아가다

신격호 회장과 회의에 동석하거나 시찰에 동행할 기회가 자주 있었다. 그때마다 그의 발언에서 느낀 것은 종종 원점으로 돌아가 다시 생각한다는 것이었다.

신 회장에게 '원점'이 된 시기는 크게 두 번 정도였을 것으로 짐작한다. 하나는 고향 울산에서 보낸 시절이고, 다른 하나는 1948년 회사 설립 초기의 힘들었던 일본 생활이다. 회사를 세운 초기에는 사업적으로나 생활적으로나 고난의 연속이었음이 분명하다. 그렇게 가장 힘들었던 시기를 신 회장은 항상 잊지 않고 회사를 크게 성장시킨 이후에도 사고의 근간으로 삼은 듯하다. 그 요체는 다름 아닌 투철한 '절약 정신'과 포기를 모르는 '도전 정신'이다.

세간에서 신 회장의 특징을 거론할 때 '구두쇠'라는 표현이 쓰일 때가 있었다. 확실히 그가 선택한 호텔이나 음식들은 대부분 소박했다. 그러나 그렇게 헛되이 낭비하는 일이 없도록 철두철미하게 절약한 배경에는 '원점을 잊지 않겠다'는 정신이 있었다. '구두쇠'라는 평가는 겉으로 드러난 인상에 대한 표면적 해석에 불과했다.

또한 신격호 회장은 프로젝트에 대해서도 안이하게 결론 내리는 것을 멀리하고, 끈기 있게 검토를 거듭해서 새로운 것을 창출하기를 바랐다. 지금의 상황에 안주하지 않고 보다 높은 곳을 향해 도전한 정신의 근간에도 역시 '원점'을 잊지 않고자 한 신 회장의 자세가 있었다. 그리고 이런 정신을 타인에게 요구하기에 앞서 본인 스스로 철두철미하게 실천함으로써 주변 사람들의 신뢰가 차곡차곡 쌓여 프로젝트에서의 좋은 결과로 이어진 것이다.

신 회장이 태어나서 자란 마을은 댐 건설로 인해 사라지고 없다.
하지만 생가는 울산의 다른 장소로 옮겨 복원했다.

자카르타 롯데월드

계획시기 | 1995~1996년

신흥국 수도에 어필한 실내형 복합시설

해외 진출이 가장 먼저 구체화된 곳은 인도네시아였다.
추잉 껌 등의 제과사업이 먼저 진출해 있었는데, 이곳에서 쌓은
인맥을 통해 대규모 개발 후보지 몇 곳을 소개받을 수 있었다.
인도네시아는 지속적인 성장이 기대되는 신흥국 중 하나로,
인구도 2억 명 이상이며, 경제성장도 호조세를 유지하고 있었다.
국가 발전과 더불어 수도 자카르타에서 추진되는 신도시 개발이나
도심부 재개발이 대대적으로 이뤄질 것으로 전망됐다.
적도 바로 아래에 위치한 자카르타는 남위 6도의 도시이다.
1년이 우기와 건기로 나뉘는 열대기후라서 대형 실내몰이나
테마파크의 특성을 충분히 어필할 수 있었다. 성장세에
있는 국가나 도시에서 롯데월드를 대규모로 개발하고자 했던
롯데 측에 복수의 후보지가 제시되었고. 1995년 A안,
이듬해인 1996년에 B안을 구상해 제시했다.

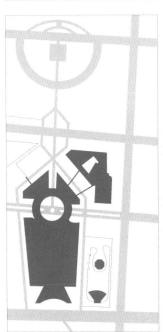

자카르타 롯데월드 A안
(계획시기 : 1995년)

구체를 상징물로 계획했다.

주출입구 이미지

자카르타 롯데월드 B안
(계획시기 : 1996년)

개발지 전체 이미지. 실내형 테마파크는 돔 형태로 구상했다.

테마 몰로 연결되는 주출입구 공간

상하이 롯데월드

계획시기 | 2005년

부지규모 제약을 극복한 입체형 복합시설

상하이시 쉬자후이(徐家匯)는 서울로 말하면 명동을 방불케 하는
번화가다. 그 활기의 중심에는 젊은이들이 있다. 두 개의 간선도로가
교차하는 일대에는 이미 3곳의 백화점이 영업을 하고 있어
4번째 백화점으로 롯데백화점 진출을 최우선으로 고려했다.
재개발 부지는 11만 7천m²로, 결코 충분하다고는 할 수 없는 크기였다.
이를 보완하기 위해 호텔, 오피스, 아파트를 고층 부분에 계획하는
입체적 복합개발을 선택했다. 주변 시설이나 블록 내에서 롯데월드만의
감성과 클래스가 돋보일 수 있도록 하는 데 중점을 두었다.
그러나 계획 입안부터 3~4년 동안 인내심을 갖고 꾸준히 접촉했음에도
불구, 인허가 문제 등으로 프로젝트가 무산되고
말았다. 좋은 조건이 갖춰진 입지였던 만큼 완성되었더라면 중국 내
롯데월드의 핵심이 되었을 것이다.

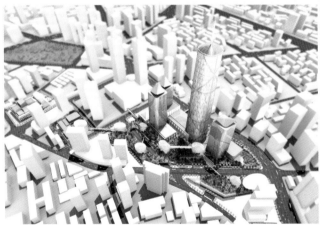

개발지 전체 이미지.
녹지가 많지 않아 저층부 옥상을
그린 파크로 활용한 계획.

실내, 실외를 불문하고 식재와 화단,
친수 공간을 충분히 확보해
시설 내부에서 항상 '자연'을 접할 수
있도록 배려했다.

선양 롯데월드

계획시기 | 2007~2011년

서울 잠실에 필적할 초대형 스케일로 개발

중국 동북부, 청나라 도읍이 있었던 선양시가 롯데월드 진출을
제안해 왔다. 제시된 개발지는 선양역 북역 일대였다. 면적은 16만
5,300m²로, 롯데월드의 개발조건을 충분히 충족시키는 크기였다.
더구나 선양시 북역은 당시 베이징, 다롄, 하얼빈을 잇는 중국
고속철도 개통 계획까지 있어서 기존 선과 지하철 2호선도 향후
이용할 수 있는 터미널 역이었다. 주변 도로상황도 이미 정비를 마친
상태라 고속철도가 개통되면(하얼빈-다롄 여객 전용선은 2012년에 개통)
광역 집객도 가능했다. 이 때문에 롯데월드의 모든 시설을 투입해
서울 잠실에 필적하는 스케일로 개발하는 안이 고려됐다.
이곳의 특징은 지하철과 바로 연결되는 2,500세대의 아파트 건설을
함께 구상했다는 점이다. 지하철과 연결돼 있다는 최고의 조건이
갖춰져 있는 데다 초기 투자비를 절감할 수 있는 장점이 있었다.
이런 장점을 살려 도시 중심지에서는 보기 드문 대형 주거단지를
복합시키는 개발이 이뤄졌다.
기본구상은 국제 공모전을 통해 선정하기로 했다. 부지 중심에 넓은
광장과 테마파크가 있는 오쿠노팀 안이 선정돼 설계가 시작된 것이
2009년이었다. 시민들에게 개방된 광장을 중심에 배치해 개발의
상징으로 삼고 주변에 호텔, 오피스, 백화점, 마트 등의 시설을
집약시켜 사람들의 이동 동선의 중심이 될 수 있도록 했다.
'중국의 전통양식 건물에 둘러싸인 광장'이라는 제안이었다.
이 아이디어는 신 회장이 도시개발에서 강조했던 '역사적 맥락을

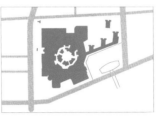

선양 롯데월드 기공식
(2008년 10월 28일)

실시설계안

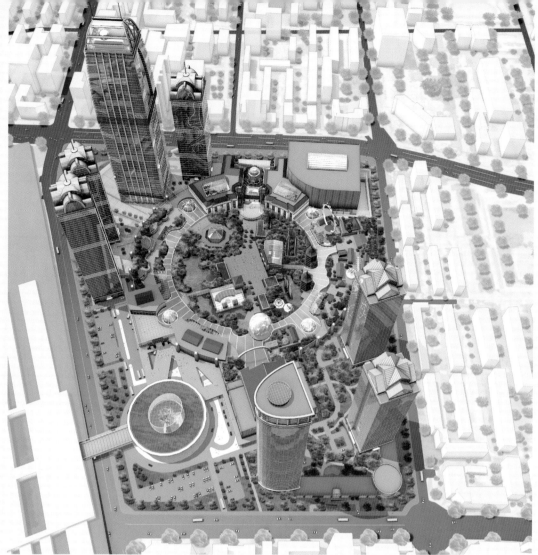

중요시한다'는 가치관과도 일맥상통한다. 새로운 요소만으로 조성된
개발은 시간이 지나면 결국 진부해진다. 반면 그 지역에 뿌리내린
민족의식이나 문화 계승까지도 배려하며 노스탤지어를 느끼게 하는
개발은 오래되면 오래될수록 그 가치가 더욱 상승해 결과적으로
롯데월드에 지속성 있는 집객력을 안겨 주게 된다.
주변 도로에서 접근이 용이한 광장과 쇼핑몰 상부에 조성한 도너츠형
테마파크는 두 곳의 에스컬레이터를 통해 직접 연결된다. 완성되면
공공광장, 쇼핑몰, 테마파크가 복합된 유동성 높은 공간이 탄생하게
되고, 이곳을 시민은 물론 고속철도를 이용하는 관광객을 포함한 많은
사람들이 찾는 선양시의 새로운 명소로 만들겠다는 구상을 세웠다.
최종적으로 정해진 시설면적은 148만 7,600m²로, 공사가 장장
10년이라는 장기간에 이른다는 점을 감안해 단계적으로 오픈하기로
했다. 2014년에는 우선 백화점을, 그리고 2015년에는 주거시설을
오픈했으며, 현재 테마파크 등의 공사가 진행 중이다.

기획구상안

중국 전통 양식 건물에 둘러싸인 광장

쇼핑몰 상부의 도너츠형 테마파크

선양 롯데월드 전체 이미지. 중국 전통 양식 건물에 둘러싸인 1층 중앙 광장(주로 카페 등 식음매장으로 이용)과
도너츠형의 4층 공간을 자유롭게 오갈 수 있도록 설계해 전체가 테마파크 공간으로 활용될 수 있도록 계획했다.

모스크바 롯데월드

계획시기 | 1994~1996년, 1997~1998년, 2002~2003년

7년이 소요된 첫 번째 개발

모스크바에는 롯데그룹 제과 부문이 1995년에 지사를 설립해
사업을 전개하고 있었다. 이 때문에 '롯데'라는 브랜드가
러시아 사회에 어느 정도 알려진 상태여서 롯데월드 진출이
어렵지 않았다. 게다가 모스크바의 겨울은 길고 추위도 혹독해서
실내시설에 대한 수요가 잠재적으로 존재하고 있었다.
롯데월드는 애초 모스크바와 마찬가지로 겨울철 추위가 매서운
서울에서 개발된 복합시설이다. 모스크바 시민들이 롯데월드
진출을 환영한 배경도 여기에 있었다.
이런 조건들을 감안해 모스크바 롯데월드는 쇼핑센터에
테마파크와 테마 몰, 시네마 콤플렉스 등을 복합시켜 쇼핑과
오락을 모두 한곳에서 해결할 수 있도록 계획했다.
시민들의 니즈에 부합해야 집객도 가능하기 때문이다.
모스크바에서는 3곳의 개발 프로젝트에 도전했다.
첫 번째 프로젝트는 1994년 무렵에 모스크바의 중심 시가지
아르바트 지구를 대상으로 추진한 개발이다. 부지는
아르바트 거리의 맨 끝자락으로 보행자들이 많이 다니는
동선상에 있어 입지적으로 나무랄 데 없었다.
테마파크가 포함된 대규모 개발을 제안하면서 인접부지 매입 등
좀더 넓은 부지를 확보할 수 있도록 요청했지만, 모스크바의
중심 시가지이다 보니 쉽지가 않았다. 결국 1만 9천m² 크기로
개발할 수밖에 없었다. 그렇다고 해도 모스크바에서는
호텔과 백화점, 오피스가 복합된 개발은 드문 일이었다.
공사 과정에서는 조기 완성을 목표로 노력했지만 여의치 않았다.
러시아 특유의 관행과 시공방법의 차이, 자재 조달의 어려움 등
과제를 하나하나 해결하면서 진행해야 하는 공사였던 탓에
착공으로부터 2010년 오픈까지 7년이라는 시간이 걸렸다.
현재 롯데호텔은 모스크바 시내에서는 최고급 호텔로 꼽힌다.
이는 앞으로 롯데의 다른 사업분야가 진출할 때 유리하게
작용할 것이다.

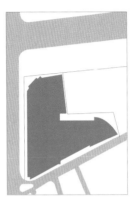

내부 이미지(호텔 레스토랑, 오피스 출입구, 호텔 로비, 백화점 매장)

완공된 롯데호텔 외관

기본구상안. 모스크바 롯데월드 계획은 1994~1996년, 1997~1998년, 2002~2003년의 3단계로 진행되었다.

모스크바강 모래톱 개발

계획시기 | 2005~2009년

현지에서도 반긴 사업, 미심쩍은 상태로 중단

모스크바에서 추진된 두 번째 개발계획은 2005년 중심 시가지에서
약 8km 정도 떨어진 모스크바강 모래톱에 있는 부지를
대상으로 한 프로젝트였다. 이곳은 거의 황무지나 다름없는 땅이었다.
면적이 자그마치 330만 5,800m²에 달해 대규모 복합개발이
가능했다. 부지만을 놓고 볼 때 롯데월드로서는 새로운 형태의 개발을
계획할 수 있는 스케일이었다.
이 프로젝트의 가장 큰 과제는 계획지로 접근할 수 있는 방법이
도로 한 곳밖에 없다는 점이었다. 인근을 지나는 철도도 없어
교통 인프라부터 정비해야 했다. 이런 개발은 기간이 오래 걸리기
때문에 단계별 개발방식을 채택하기로 의견을 모았다.
계획은 호텔과 백화점, 쇼핑몰, 오피스에 골프장과 아파트 단지까지
포함시키는 복합개발이었다. 기존 롯데월드를 능가하는 '롯데 시티'
규모의 완전히 독립된 새로운 거리를 개발할 수 있는 크기였다.
그 중심에는 모스크바 강물을 끌어들여 운하를 조성함으로써
친수성이 뛰어난 시가지를 구성한다는 계획이 있었다. 미지의 경관을
새로 구현하는 개발에 대해 모스크바 측 담당자들도 기대가 컸다.
그러나 회의를 거듭하던 어느 날, 담당자는 갑자기 태도가 돌변하며
모스크바가 주체가 돼 개발하겠다고 주장하기 시작했다. 순식간에
롯데가 4년 가까이 추진한 개발 준비에 제동이 걸리고 말았다.
나중에 들은 바로는 정권 수뇌부가 소유한 회사가 개발하게
되었다고 하는데 그 진상은 알 수 없다. 해외 프로젝트에서 흔히 있는
리스크라고 하기엔 여러모로 아쉬움이 남는 프로젝트였다.

기본구상안.
모래톱이라는 입지조건을 활용해
운하를 중심으로 한
다양한 친수(親水)공간을 계획했다.

모스크바 나가티노 지구 개발

계획시기 | 2011~2012년

토지 사용조건 의견 차 넘지 못한 아쉬움

세 번째 개발지는 모스크바 동남부 나가티노(Nagatino) 지구에
위치한 삼각형 모양의 모스크바 강변 부지였다. 철도역과 인접해
있었지만 부지와 연결되는 간선도로가 매우 혼잡해 계획지로
접근할 수 있는 좋은 아이디어가 필요했다. 부지 면적은 약 82만
5천m²였다. 롯데월드를 개발하기에는 충분한 크기인 데다
삼각형 모양을 한 부지의 두 면이 모스크바강과 맞닿아 있었다.
부지의 규모와 지형적 특색이 지닌 장점을 최대한 활용해,
건축 디자인은 미래지향적인 UFO(미확인 비행물체) 형태로 해서
모스크바강과 하나로 어우러진 환상적 경관을 연출하고자 했다.
복합개발의 중심에 테마파크를 배치한 전형적인 롯데월드 구성으로,
도너츠형 몰과 연계시켜 개방된 공간을 조성한다는 계획이었다.
하지만 토지 사용조건 등에 대한 이견을 끝내 좁히지 못해 실현까지
이르지는 못했다.

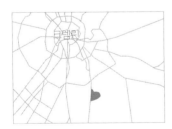

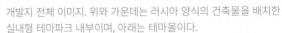

개발지 전체 이미지. 위와 가운데는 러시아 양식의 건축물을 배치한
실내형 테마파크 내부이며, 아래는 테마몰이다.

기본구상안. 모스크바강과 맞닿은 삼각형 모양의 부지와 UFO 형태의 건축물을 활용해 환상적인 경관을 제안했다.

호치민 롯데월드

계획시기 | 1997년, 2007년, 2013년

'에코 스마트시티' 콘셉트, 20년 계획의 프로젝트

베트남은 높은 성장잠재력을 지니고 있어 롯데 역시 일찌감치
롯데월드 진출 후보지로 점찍고 있었다. 특히 주목한 것은
호치민시가 계획 중이던 투티엠(Thu Thiem) 지구의 신도심 개발이었다.
1997년 롯데가 전체 계획을 제안한 것을 계기로 이후의
계획 변경에도 꾸준히 대응하면서 지구개발에 계속 참여했다.
그리고 2013년 마침내 전체 계획안이 결정됐고,
롯데가 신도심 계획의 중심지구를 개발하게 됐다.
신도심 전체가 완성되기까지는 20년 가까이 소요되는
장대한 도시개발 사업이었다.
부지는 사이공강 인근의 12개 구획으로 나뉜 곳으로
중앙에 지하철역이 있는, 신도시 개발지 중에는 최고의 부지였다.
롯데월드 같은 경우 지금까지는 커다란 구획에 단독으로
계획한 사례가 많았다. 그런데 이곳은 여러 개의 블록으로 나뉘어
있어 도로를 포함한 거리 조성이 필요한 개발이었다.
백화점, 오피스, 호텔, 몰, 주거공간, 문화시설 등 각기 다른
업태가 도로상에서 어우러지는 복합개발을 목표로,
오픈 몰 형태의 거리를 전체 계획의 중심에 두고 설계했다.
'에코 스마트시티'를 메인 콘셉트로, 새로운 스타일의
롯데월드 창출에 도전했다.

2007년 : 중심지구 개발계획

1997년 : 전체 지구 구상

도쿄 롯데월드

계획시기 | 1992~2014년

도쿄 롯데월드 개발 예정지인 에도가와구 가사이는 도쿄도 동부에
있는 도쿄만 연안에 위치해 있다.
이곳은 고속도로 램프가 가까이 있어 하네다공항에서 차로 20분이면
닿을 수 있는 데다 도쿄역에서도 전철로 20분밖에 걸리지 않을 정도로
접근성이 뛰어나, 광역 상권을 타깃으로 삼기에 최적의 조건이다.
한편, 도쿄 롯데월드 개발 예정지에서 동남쪽으로 약 2km 위치에는
도쿄 디즈니랜드가 자리해 있다. 도쿄 롯데월드 제안 과정에서는
디즈니랜드와의 차별화를 위해 계획 시점부터 잠실 롯데월드 모델을
그대로 적용해 실내형 테마파크 중심의 개발을 제안했다. 야외형에
비해 운영 유지비는 많이 들지만 환경이나 시간을 인공적으로
컨트롤할 수 있는 장점을 최대한 활용해 야외형 테마파크에는 없는
엔터테인먼트를 창출하는 것이 도쿄 디즈니랜드라는 '거인'을 상대할
수 있는 핵심 무기였다.

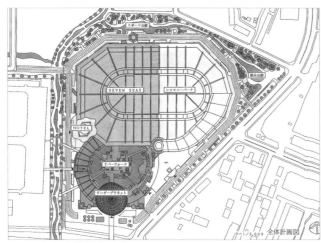

실내형 테마파크는 여름 존 '세븐 시즈(Seven
Seas)'와 겨울 존 '샤모니 파크(Chamonix Park)',
두 개의 존으로 구성했다.
이러한 두 개의 존과 '원더 플래닛(Wonder Planet)'
사이에는 야외에서 수변환경을 즐길 수 있는
'리버 워크'를 조성해 인접한 호텔에서
곧장 테마파크로 입장이 가능하도록 했다.
또 주변에는 오픈 스페이스로 공원도 계획했다.

도쿄 롯데월드 모형

도쿄 롯데월드 구상안

엄격했던
해외시찰

신격호 회장의 해외시찰에 동행한 횟수만 30회가 넘는 것으로 기억한다. 소공동 개발을 추진할 때는 전 세계 유명 호텔과 백화점을 집중적으로 시찰했고, 잠실 개발 시기에는 테마파크와 테마타운, 대규모 개발이 시찰 대상의 중심이었다.

1990년 무렵부터는 봄과 가을, 1년에 두 번씩 정기적으로 해외시찰을 나가게 되면서 남미를 제외한 대부분 나라를 방문했다. 일단 해외시찰을 나가면 오래 걸릴 때는 2~3주 동안 아침부터 온종일 행동을 같이해야 했다. 이때 평상시 회의에서는 볼 수 없었던 신 회장의 인간성을 엿보면서 놀라기도 하고 친숙함을 느끼기도 했다. 그중에 인상에 강렬히 남은 잊을 수 없는 에피소드를 몇 가지 소개한다.

신 회장의 심기를 불편하게 만든 수족관 시찰

1980년대에는 당사에서 시찰할 곳을 미리 정해 제안하는 경우가 많았다. 이 때문에 시찰 경로를 사전에 둘러보고 시찰할 가치가 있는지를 판단했다. 하지만 개중에는 방문한 곳이 신 회장의 눈높이에 맞지 않을 때도 있었다.

미국에 있는 한 수족관의 경우, 시찰을 마치고 돌아오는 차 안에서 "이런 곳을 보려고 하루나 걸려서 온 것이냐!"며 엄하게 질책했다. 흡족해 한 시설도 많았지만 신기하게도 혼이 난 기억은 더 오래 남아 지금까지도 아쉬움을 금할 수 없다.

빠짐없이 들른 백화점 매장, 구석구석 꼼꼼히

신 회장은 방문한 도시의 백화점은 빠지지 않고 꼭 시찰했다. 최상층부터 지하까지 빠짐없이 돌아보고, 특히 지하 식품매장에서는 상품을 직접 만져 보며 장시간에 걸쳐 살폈다. 과자 코너에서는 색다른 상품이 있으면 오랫동안 들여다본 후 신제품 개발에 도움이 되겠다고 판단하면 샘플로 가져와 담당자에게 검토를 지시했다. 실제로 이런 '기념품'이 상품개발로 이어져 현재까지 시판되는 상품도 있다.

나이보다 젊어 보인 데서 생긴 호텔맨의 착각

신 회장 이하 서너 명이 탄 차량이 숙박할 호텔에 도착했을 때의 에피소드다. 신 회장이 머무르게 될 호텔 측에서는 대부분 총지배인을 비롯한 주요 관계자들이 신 회장을 맞이하기 위해 입구에서 기다리고 있었다. 차량이 도착하면 롯데 직원이 맨 먼저 내린 후 뒷좌석 문을 열면 신 회장이 내렸다. 그리고 나면 뒷좌석 맨 안쪽에 앉아 있던 내가 마지막으로 내리는 경우가 많았다.

그런데 맨 마지막에 내리는 사람이 가장 높은 사람일 거라고 착각해서 나에게 정중하

1994년 4월, 신격호 회장(왼쪽)의
이집트 시찰에 동행한 필자(중앙).
사진의 배경은 피라미드 벽면이다.

게 인사하는 호텔맨이 있었다. 나보다 20살 연상인 신 회장이 훨씬 젊어 보이는 데다 일행 중에 가장 연장자로 보이는 내가 마지막에 차에서 내리다 보니 호텔맨이 착각한 것이다. 신 회장은 물론 나로서도 참으로 난감했던 일이었다.

동행자들도 놀란 발군의 정보 흡수력

해외시찰 여행을 통해 신 회장이 수집한 기념품은 동행한 우리보다 항상 몇 배는 많았을 것으로 짐작한다. 여기서 말하는 기념품은 물건이 아니다. 새로운 정보이자 아이디어를 의미한다. 똑같은 도시에 가서 똑같은 것을 보고 같은 사람으로부터 같은 설명을 들었는데도 불구하고, 습득한 정보나 그 정보를 힌트로 해서 제안한 아이디어는 매번 신 회장이 가장 많았다.

그 차이는 도대체 어디에서 비롯되는 것일까? 아마도 내면에 쌓인 지식이 풍부할수록 더 많은 정보를 얻게 되는 것이 아닐까? 그래서 사전에 빈틈없이 관련 정보를 조사도 해봤다. 하지만 신 회장의 탁월한 정보 흡수력은 도저히 따라갈 수 없었다.

롯데 사원이 동행하는 시찰여행도 있었다. 이때는 신 회장이 격일로 회의를 열어 사원 한 명 한 명의 시찰지에 대한 의견이나 소감을 들었다. 그리고 이를 정보로 담아 두었다가 사업을 구상할 때 참고했다. 신 회장에게 있어 사원을 동행시키는 시찰여행은 사원의 정보수집 능력과 그것을 표현하는 능력을 키우는 교육의 자리였다. 뿐만 아니라 혼자서는 모두 커버할 수 없는 정보 취득을 위해 복수의 안테나를 작동시킨다는 의미도 있었다. 정보 흡수에 대한 신 회장의 넘치는 열정에는 항상 감복하지 않을 수 없었다.

도시개발
사업에
담은 꿈

6

새로운 도시개발에 뛰어들다

제3의 도시개발 기법, '도시재생'

브라질이 천도(遷都)를 목적으로 새로운 수도 '브라질리아'를 건설한 사례처럼 공공성이 매우 높은 사업은 민간 부동산 사업으로는 적합하지 않다. 민간 기업이 추진하는 도시개발에서 최대 규모의 사업으로는 이전부터 존재하는 거리나 건축물을 완전히 밀어내고 새로운 거리를 조성하는 '도시 재개발'과, 기존 시가지와는 별도로 미사용 부지에 새로운 타운을 조성하는 '신도시 개발'의 두 가지 방법이 주로 쓰였다. 가령 도쿄의 롯폰기 힐스는 '도시 재개발' 사업으로, 롯데의 소공동 개발과 유사한 측면이 있다. 상하이 푸둥(浦東) 지역이나 호치민의 투 티엠 개발은 '신도시 개발'에 해당한다.

이러한 기존 방법과 달리 '도시재생개발'은 제3의 방법이라고 할 수 있다. 이는 대상 지구 전체를 개발하는 대신, 구시가지가 쌓아 온 역사적 맥락을 계승하면서 새로운 거리로 재생시키는 방법이다. '도시 재개발'처럼 기존 거리를 모조리 밀어내지 않기 때문에 주민이나 행정 쪽의 저항도 적어 개발이 순조롭게 진행되는 경우가 많다.

시간을 들여 거리에 조금씩 변화를 주고 해당 토지가 지닌 문화를 계승해 후세에 전하는 '도시재생개발'은 향후 도시개발을 고려하는 데 있어 새로운 선택지로 쓰일 수 있다. 이 개발기법에 대한 신동빈 회장의 이해가 깊기 때문에 새로운 시대를 맞아 롯데가 추진하는 도시개발의 프로토타입이 될 수 있을 것으로 기대된다.

이 장에서는 구체적인 계획까지 이른 '도시재생개발' 사례를 소개하고자 한다.

상하이 신텐디 개발은 도시재생개발과
도시개발을 혼합해서 성공한 사례 중 하나이다.

서울 서순라길 재생계획

계획시기 | 2013년

① 블록 내에서 중요한 포인트가 되는 구획을 설정하여 해당 구획만 개발한다.

② ①에서 개발한 구획의 영향을 받은 주변이 자연스럽게 변화되기를 기다린다.

③ 블록 내 전 지역이 ①, ②의 영향을 받아 자발적 변화가 활발히 일어난다.

구시가지의 자발적 활력을 높이는 '포인트 개발'

서울시 서순라길은 인사동 거리와 종묘 사이에 위치한 구시가지의 일부분으로, 역사적 스토리를 간직한 예스러운 분위기의 거리다. 하지만 노후화된 만큼 재개발 대상이 될 가능성도 높아, 아무런 계획 없이 둔다면 옛 거리가 지닌 역사적 맥락은 사라진 채 새 아파트와 오피스 빌딩만 빽빽하게 들어선 무미건조한 거리가 될 확률이 높았다. 이 같은 상황에 놓인 거리를 재생할 수 있는 방안을 모색해 달라는 서울시의 요청을 받고, 롯데가 제안한 프로젝트가 '서순라길 재생계획'이었다.

이 재생계획에서는 '포인트 개발기법'이라는 방법을 제안했다. 그 순서는 다음과 같다. 우선 블록 내에 중요한 포인트가 되는 거점을 몇 군데 정한다. 그리고 설정한 구획만 개발한다. 이후에는 개발된 구획의 영향을 받은 주변이 자연스럽게 변화하기를 기다린다. 즉, 계기만 만들어 주고 거리가 자발적으로 활기를 찾아 가도록 하는 개발방법이다.

이 방법은 강권에 의한 급격한 개발을 제한하여 주민들의 반발도 적고, 개발 투자도 최소화할 수 있어 서울시에서도 환영했다. 하지만 개발회사는 장기간에 걸쳐 이곳을 관리해 나가야 한다. 일단 롯데에서는 이 방법을 서울시에 제안했지만 본격적으로 사업이 활성화되지는 않았다. 현재 이곳은 자연발생적으로 서서히 재생되면서 새로운 가게도 늘어나, 예스러운 분위기를 간직한 거리로 많은 사람들의 발길이 이어지고 있다.

종묘 서쪽에 위치한 서순라길은 세계유산을 둘러싼
돌담길을 따라 역사적 숨결이 느껴지는 일면이 있는가 하면,
젊은이들이 줄을 서서 기다리는 인기 맛집과 잡화점이
즐비한 일면이 함께 혼재되어 있다.
이는 해당 지구의 가치에 주목한 새로운 가게들이
자연발생적으로 늘어나 재생이 서서히 진행되면서 역사적
숨결이 남아 있는 거리에까지 활기가 퍼져 나간
결과라고 할 수 있다.

서울 경동시장 재생계획

계획시기 | 2013년

60년 역사 시장에 관광자원의 가치를 접목

60년의 역사와 한국 최대 규모를 자랑하는 경동시장 재생계획도 서울시로부터 요청받은 사업 중 하나다. 서울시는 이곳을 '시장이 있는 새로운 거리'의 프로토타입으로 삼으려는 목적에서 롯데에 개발방법을 제안해 달라고 요청했다.

서울 시내에는 크고 작은 규모의 시장이 여럿 있다. 이런 시장들은 도시가 뿜어내는 활기의 원천이 된다. 그중에서도 경동시장은 한국인의 밥상을 책임지는 곳으로, 농산물을 비롯해 수산물, 육류, 조미료 등 온갖 식재료가 모두 구비돼 있다.

경제발전을 이룬 선진국에서 이렇게 시장이 유지되는 경우는 매우 드물다. 한국의 식생활 문화를 뒷받침해 온 역사상 귀중한 자산으로, 다음 세대까지 꼭 이어지길 바라는 마음이다. 이를 위해서는 가장 먼저 시장에서 일할 노동력이 확보돼야 하고, 청결하고 안전한 시설 유지 또한 필수 요소다.

뿐만 아니라 최근에는 소비자의 요구에 맞게 시장 고유의 상품 개발도 필요하다. 주로 식재료 구입을 위해 찾는 시장 본래의 역할은 그대로 유지하면서, 일반 소비자나 관광객을 포함한 다양한 사람들이 서로 어울리며 북적대는 시장의 새로운 가능성에 대해 모색했다.

시장이 지닌 관광자원으로서의 가치도 고려하면서 제시한 아이디어는 시장과 마트를 복합시켜 소비자의 다양한 니즈에 대응하는 마켓 공간과 레저나 문화시설 같은 시간소비형 공간을 함께 조성해 하루 종일 사람들로 북적이는 거리를 조성하는 것이었다.

당초 사업 대상용지로 제시된 곳은 경동시장이었다. 그러나 후세에 전하고 싶은 귀중한 시장문화가 남아 있는 곳이었기 때문에 우리는 인접한 약령시장까지도 제안에 포함시켰다.

경동시장의 내부 모습

서울시에서 요청받은 것은 경동시장
재생계획에 대한 입안이었다.

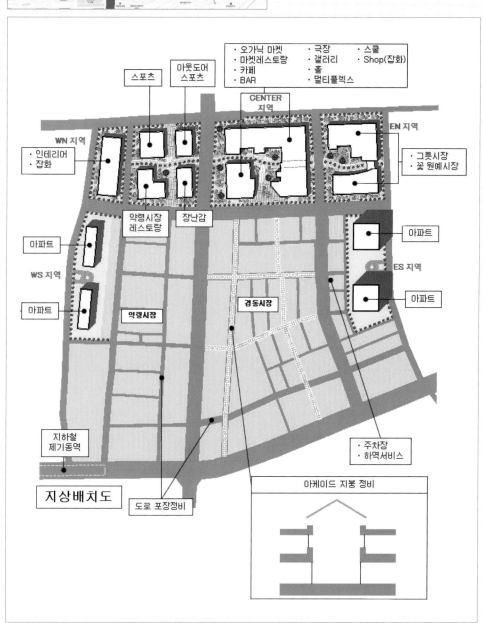

필자를 비롯한 프로젝트팀은
역사적 희소성이 높은 약령시장이
포함된 지역의 재생계획을 수립했다.

부산항 지구 재개발

계획시기 | 2009년

롯데월드와 연계시킨 개발, 항만을 거대 관광지구로

부산항 롯데월드를 계획하던 중에 부산항의 항만기능 이전계획에 따라 부산시의 부산항 지구 재개발 계획이 발표됐다. 롯데그룹도 부산항 롯데월드 계획을 좀더 다듬어 개발안 공모에 참가하기로 했다.

해외에서는 오래된 항구 부지를 재개발해 수변 공간이 있는 쾌적한 환경으로 조성한 후 시민들에게 개방함으로써 도시재생을 성공시킨 사례가 있다. 샌프란시스코나 요코하마가 이 같은 도시재생을 통해 옛 항만지구를 거대한 관광지구로 재탄생시키는 데 성공한 사례라고 볼 수 있다.

부산항 재개발 대상지구는 면적이 152만m²로, 부산만을 따라 약 2.5km 뻗어나간 지역이었다. 개발지 남쪽으로는 부산(광복) 롯데월드가 있고, 그곳에 계획된 타워는 부산항 전체를 상징하는 심벌이기도 하다. 부산만과 맞닿은 인접지역에는 다목적 볼파크, 컨벤션센터, 오페라하우스 등 부산시의 대형 시설물과 페리항, 요트 선착장 등을 계획했다. 인근에 있는 부산역과도 연계시켜 교통의 기점 역할도 하는 새로운 도시 조성까지 염두에 둔 계획안이었다.

부산항 지구 재개발 구상안.
부산(광복) 롯데월드와 부산역이 포함된
지구 전체의 연계성이 묘사되어 있다.

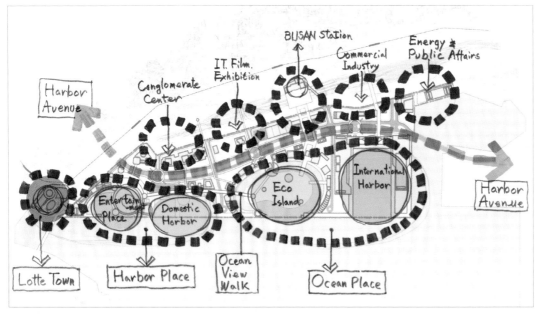

248

부산항 지구 재개발 투시도.
부산(광복) 롯데월드 타워가
지구 전체를 상징하는
건축물임을 잘 알 수 있다.

호치민시 신도심 개발

계획시기 | 1997년

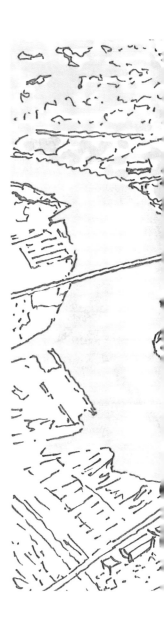

롯데 미래 개발사업을 대표할 차세대 스마트시티
1997년 무렵, 앞으로 발전 가능성이 풍부한 나라로 베트남이 세계의
주목을 받기 시작하면서 롯데그룹도 적극적으로 접근을 시도했다.
비슷한 시기에 호치민시에서 사이공강 남쪽지역의 대규모 개발계획을
제안해 왔다. 롯데로서는 어떤 방식으로 참여하는 것이 좋을지
그 방안에 대해 모색했다.
대지 규모는 약 330만m² 정도였다. 수로와 늪지대가
많아 개발을 위해서는 사이공강 북쪽 시가지와 연결하는 다리나
터널이 최소 5~6개는 필요했다. 비슷한 상황으로 상하이
푸둥지구와 서울의 강남지구 개발을 예로 들 수 있다.
호치민시에서는 다리나 터널 건설, 토지 조성, 도로 정비 등 인프라까지
함께 정비해 주는 조건으로 10억 달러의 예산을 제시했다.
제반 조건을 검토한 결과 인프라 공사가 큰 리스크가 될 수 있다는
판단에서 사업 참여를 단념했다.
하지만 이후로도 해당 개발과 관련해서 롯데가 꾸준히 지원한
부분이 높이 평가되면서 개발지 중에 가장 조건이 잘 갖춰진
5만m²의 개발허가를 받아 현재 '차세대 스마트시티' 계획이
추진되고 있다. 일찍이 없었던 장기간의 도시개발 사업이 되었지만
향후 롯데를 대표하는 개발계획이 될 것으로 기대하고 있다.

돔(앞쪽)이 있는 호치민시
신도시 개발의 전체 구상

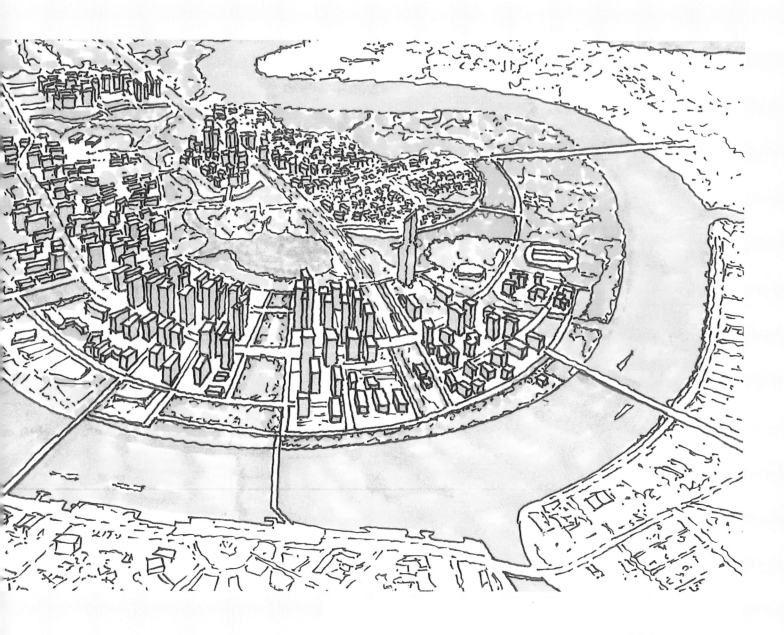

중심부를 고층화해서 도시를 재개발한 뉴욕의
사례(오른쪽)와는 달리 호치민시 신도시(위)는
중심부를 저층화한 생태학적이면서 지속 가능한
개발을 추진하고 있다.

멋쩍은 듯 짓는
미소 뒤의 따뜻함

신격호 회장은 잘 웃지 않는 분이었다. 그래서 가까이 다가가기 힘든 무서운 분이라는 이미지가 강했는지 모른다. 실제로 함께 일을 하면서 긴장감을 늦출 수 없었던 것만은 분명하다.

하지만 여러 차례 해외시찰을 동행하다 보니 가끔 웃는 얼굴을 볼 기회가 있었다. 평소 잘 웃지 않는 사람이 웃으면 그 자리의 분위기가 순식간에 부드러워진다. 내가 주목한 것은 신 회장이 보여 준 미소의 질이었다. 어떤 스님이 쓴 책에 "인간의 본성은 자연스러운 미소에서 드러난다"는 글귀가 있었는데, 이후로 사람을 만나면서 이 말에 공감할 때가 여러 차례 있었다.

신 회장이 가장 좋은 예라고 할 수 있다. 수줍어하며 약간 멋쩍은 듯 웃음 짓는, 뭐라 표현하기 힘든 그 미소에 신 회장의 따뜻한 인간성이 자연스럽게 배어난다. 신 회장과 일을 해본 많은 사람들이 그 미소에 마음이 흔들렸다고 이야기한다. 일에 대해서는 매우 엄격했지만 가끔씩 보이는 신 회장의 미소에 매료된 사람이 비단 나만은 아니었을 것이다.

신격호 회장의 웃는 얼굴은
필자를 비롯한 관계자들의 마음을 사로잡았다.

이 책은 작고하신 고(故) 신격호 회장의 복합개발 사업에 대한 도전을 회고한 것으로, 1~3장에서는 '소공동 롯데타운'과 '잠실 롯데월드' 개발에 대해, 현실화되지는 못했으나 검토됐던 구상이나 계획안까지 모두 소개했습니다. 이 두 프로젝트에는 신격호 회장께서 한국에서 사업을 처음 시작했을 때의 각오, 거기에 걸었던 꿈, 미래에 대한 참신한 발상, 그리고 이 모든 것을 가능케 했던 사업에 대한 독보적인 도전정신이 담겨 있습니다. 4장 이후부터는 이렇게 확립한 개발기법을 한국 각지와 해외에 전개한 주요 프로젝트에 대해 소개했습니다.

이렇게 일련의 흐름을 되짚어 보니 '잠실 롯데월드' 개발이 가장 높은 장애물을 극복한 도전이었다는 점, 그리고 이때의 성공이 이후의 개발사업은 물론 롯데그룹 약진의 초석이 되었다는 점을 알 수 있었습니다.

또 처음에는 "무모하다", "상식 밖"이라는 혹평을 들었던 도전을 성공으로 이끈 것은 신격호 회장의 동물적 직감이라고도 할 수 있는 선견지명(先見之明)의 결단력과 사업 추진의 구동력이 되는 인재를 주변으로 끌어들이는 인품이었음을 새삼 확인할 수 있었습니다. 이렇듯 사람을 매료시키는 신격호 회장의 풍부한 인간미를 엿볼 수 있는 에피소드도 지면이 허락하는 범위에서 소개했습니다.

이 책을 준비하기 위해 과거의 자료를 정리하다 놀란 사실은 하나의 프로젝트에 대한 구상안 수의 방대함이었습니다. 신격호 회장의 '유일무이한' 계획안을 끊임없이 요청한 집요함과, 사업추진의 난관을 극복하려 한 집념에 대응하려다 보니 결과적으로 수많은 구상안이 필요했습니다. 아마도 프로젝트의 전반적 구도나 향후 발전성에 대한 다각적 검토를 통해 신격호 회장께서는 사업을 성공으로 이끄는 최선의 방법을 찾았던 것이 아닐까 추측해 봅니다.

기본 구상에 이토록 많은 시간을 할애했다 하더라도, 일단 결정하고 프로젝트가 본격적으로 움직이기 시작하면 그때부터는 놀라운 속도로 전개됐습니다. 이것만 보더라도 신격호 회장께서 구상 초기단계를 얼마나 중요시하며 계획을 면밀히 수립했는지 잘 알 수 있습니다.

오랫동안 다수의 프로젝트에 참여하면서 함께 팀을 이뤄 작업했던 롯데 관계자에게는 여러 면에서 많은 신세를 졌습니다. 가까이에서 함께 일하며 인상적이었던 것은 프로젝트가 난관에 봉착하면 사원 모두가 도전정신을 발휘해 팀 전체가 한마음으로 어려운 국면을 돌파하는 모습이었습니다.

한국에 머무는 동안에는 시장 상인이나 식당 종업원들과도 이야기를 나눌 기회가 많았습니다. 이렇게 만난 한국 분들의 가식 없고 직설적인 말투는 나와도 잘 맞아 한국에서의 시간을 언제나 즐겁게 보낼 수 있었습니다. 돌이켜 보면 이렇게 50년이라는 긴 시간을 즐겁게 일할 수 있었던 이유 중 하나는 음식을 비롯해 한국의 풍토가 나에게 잘 맞았기 때문인 것 같습니다.

돌이켜 보니 롯데와 함께한 것 이외에는 한국에서 참여한 프로젝트가 별로 없습니다. 그중에서 가장 기억에 남는 것은 1988년에 개최된 서울올림픽을 앞두고 선수촌아파트 설계 공모에 도전했던 일입니다. 아쉽게도 2위로 고배를 마셨지만, 이마저도 한국에서의 좋은 추억으로 인상 깊게 간직하고 있습니다.

얼마 전 오랜만에 잠실 롯데월드를 천천히 둘러볼 기회가 있었습니다. 호수 너머로 잠실 롯데월드가 '롯데월드의 원점'으로, 또 롯데그룹의 상징으로 여전히 빛을 발하며 존재감을 드러내고 있었습니다. 그 모습에 압도되면서 이 복합개발에 걸었던 신격호 회장의 정신을 앞으로도 롯데그룹이 계속 이어 가는 것이 하나의 커다란 의미가 있다고 생각했습니다. 그리고 백 년 후에도 시대의 변화에 부응하면서 발전을 거듭하는 모습을 볼 수 있기를 기대하며 잠시 감회에 젖었습니다.

생각해 보면 50년 전 신격호 회장이 호텔사업에 착수했을 당시는 한국의 산업구조에 크나큰 변화의 물결이 시작된 때였습니다. 그리고 지금은 거의 혁명에 가까운 IT기술의 진보로 한국사회 전체가 변혁기를 맞고 있습니다.

롯데그룹은 창업자 신격호 회장에서 신동빈 현 회장으로 바통 터치하여 선대가 쌓아 올린 업적을 토대로 새로운 시대에 걸맞은 경쟁력을 계속해서 키워 나가고 있습니다. 새로운 롯데월드 개발도 신동빈 회장의 리더십 아래 새로운 시대의 감성을 자극하는 멋진 도전이 이뤄지고 있는 듯해 앞으로의 발전이 더욱 기대됩니다.

신격호 정신은 도전과 꿈

이 책의 주인공 롯데그룹 창업자 신격호 회장님은 한국의 1인당 국민소득이 300달러였던 1970년대에 벌써 소득 3만 달러 시대의 High Quality 서비스 산업을 꿈꾸고 실현한 선구자입니다.

선구자 신격호의 삶에는 숱한 도전이 있었습니다. 이를 정리해 보면, 첫 번째는 엄혹했던 일제강점기에 21세 청년의 패기로 일본행 부관연락선에 오른 것, 두 번째는 한국 국적을 유지하면서 일본 제일의 제과기업을 이룬 것, 세 번째는 6·25전쟁 이후 남북 대치 등 불확실성이 컸던 조국의 경제발전을 위해 자신이 번 돈은 물론 그 갑절 이상을 빌려서까지 과감하게 투자한 일일 것입니다. 이런 용단 덕분에 임직원 20여만 명이 30개국에서 일하는 오늘날 '글로벌 롯데'가 탄생했습니다.

이 책에서 다룬 소공동 롯데타운, 잠실 롯데월드, 롯데월드타워 등의 사업 추진과정은 롯데를 넘어 대한민국 현대사에 큰 족적을 남겼습니다. 신격호 회장님은 아무도 상상하지 못했거나 주변 사람들이 만류하던 사업들을 미래에 대한 통찰력과 강렬한 추진력으로 이뤄 냈습니다.

이번에 책을 엮는 과정에서 다시 느꼈지만, 신격호 회장님의 꿈은 언제나 현장에서 결정되고 완성되었습니다. 생소한 복합개발 사업인 서울 소공동 롯데호텔과 롯데쇼핑센터(롯데백화점 본점)를 시작할 때도 신격호 회장께서 직접 미국, 유럽 등을 방문해 현장에서 확인을 철저히 했습니다. 또한 치밀한 현지 조사를 바탕으로 향후 문제점과 대책을 빈틈없이 제시하면 사업안 채택 가능성이 높았고, 미흡할 경우에는 책상머리에 앉아 현실성 없이 진행했다는 질책과 함께 허락하지 않으셨습니다.

신격호 회장님은 중요한 의사결정에 앞서 항상 "거기 가봤나?"라고 질문을 했습니다. 필자는 롯데그룹의 해외 M&A 첫 성공사례로 꼽히는 '인도 패리스제과' 인수 프로젝트를 총

괄하던 때를 되새겨 봅니다. 당시 롯데그룹은 글로벌 진출 경험이 많지 않았고 인도는 생소한 시장이어서 현장 조사를 더욱 면밀히 해야 했습니다. 필자는 패리스제과 소재지인 첸나이를 싱가폴 경유로 여러 번 다녔습니다. 선대 회장의 결단을 얻으려 할 때 역시나 "거기 가봤나?"라는 질문을 받았습니다. 첸나이의 물정과 상권 등 세세한 상황을 보고하고 향후 전망까지 밝히자 "그럼 해보든지!"라며 승인했습니다.

'롯데호텔'이라는 우리 고유의 호텔 브랜드를 구축한 성과도 몸소 세계의 명문 호텔을 돌아다니며 얻은 현장 감각이 있었기에 가능했습니다. 하루 방문객 16만 명을 이룬 롯데월드의 신화! 신격호 회장님은 뉴욕, 도쿄에서도 이 신화를 이루려고 현지 상공을 헬리콥터로 몇 바퀴씩 돌며 원대한 청사진을 그리기도 했습니다.

그의 여정에 대부분 동행한 오쿠노 쇼 건축연구소의 오쿠노 쇼 회장은 기업인 신격호의 선견지명에 대한 여러 일화를 소개했습니다. 필자는 이에 더하여 한국에서 있었던 사례들을 보강하려 참여했습니다.

이 책에 실린 디자인 작품 원본들은 롯데그룹 인재개발원에 보관, 전시될 것입니다. 롯데그룹 창업자의 상상력과 열정이 오롯이 담긴 이 책자가 건축, 도시개발, 디자인 분야 전문가를 꿈꾸는 분들의 가슴에 큰 울림을 일으키기를 소망합니다.

'신격호 정신과 철학'을 올곧게 기록하기 위해 대한해협을 수없이 오갔을 오쿠노 쇼 회장과 직원 여러분, 그리고 이 책을 귀하게 만든 나남출판사 회장과 관계자 분들의 노고에 감사를 표합니다.

롯데지주 부회장
황각규

책을 만든 사람들

지은이

오쿠노 쇼(奧野翔)

건축가이자 (주)오쿠노 쇼 건축연구소 회장.

1940년 생으로, 도쿄 리카대 건축학과를 졸업했다. 나코지 건축사무소, 도쿄 리카대 나코지 연구실을 거쳐 1969년에 오쿠노 쇼 건축연구소를 설립했다. 1974~2002년에는 도쿄 리카대학교 건축학과 강사를 역임했으며, 건축 및 도시·지역계획 플래닝에 종사하고 있다.

일본 국내 활동 이외에 해외에서도 활약하여, 한국 서울 및 부산 등의 롯데 복합개발, 롯데월드 기획 및 기본구상, 모스크바 지구 개발계획, 베트남 호치민시 지구 재개발 계획, 인도네시아 자카르타 신도시 계획 등에 참여했다. 현재 오랜 시간 연구해 온 복합개발과 숲의 공생도시 개발기법을 적용해 다양한 계획을 추진하고 있다.

내용 편집

하야카와 나오키(早川尚樹)

1960년 일본 미에현에서 출생했으며, 1982년 무사시노미술대 건축학과를 졸업했다. 1982년 (주)오쿠노 쇼 건축연구소에 입사했으며, 2010년 대표이사 사장에 취임하여 현재에 이르렀다.

나카가와 미요코(中川美代子)

1960년 일본 야마구치현에서 출생했으며, 1984년 ICS 칼리지 오브 아트 인테리어학과를 졸업했다. 1984~1985년 Team Zoo 아틀리에 호엔칸을 거쳐, 1986년 (주)오쿠노 쇼 건축연구소에 입사했다. 2010년 부사장에 취임하여 현재에 이르렀다.

옮긴이

오현정

이화여대 통역번역대학원을 졸업한 후 2014 그린 리모델링 국제 심포지엄(한국건설기술연구원) 동시통역 등 국제학술회의, 비즈니스 관련 프리랜서 동시통역사로 활동하던 중 오쿠노 쇼 건축연구소와 인연이 닿아 이후로 한국 관련 프로젝트 전담 통역을 맡게 되었다. 현재도 전문통역사, 번역가로 활동 중이다. 옮긴 책으로는《아내의 미소》, 학술논문으로는〈니체의 행복론〉,〈고분자 재료의 열화와 수명 예측〉등이 있다.

내용 감수

황각규

1954년 생으로, 1977년 서울대 화학공학과를 졸업했다. 1979년 호남석유화학(現 롯데케미칼)에 입사해 롯데그룹 국제실장, 운영실장, 경영혁신실장 등을 역임했으며, 현재 롯데지주주식회사 공동대표이사 부회장이다.